Dresden

**Bildführer durch die Landeshauptstadt
und ihre Umgebung**

*Dresdens berühmte Ansicht vom rechten Elbufer unterhalb der
Augustusbrücke, Stich von Canaletto (1721-1780)*

Text: Wolfgang Kootz · Fotos: Dietmar Berthold

B&V Verlag, Dresden

Die Geschichte Dresdens

927-29	Unterwerfung der Slawen östlich der Elbe durch König Heinrich I., Herzog von Sachsen. Er lässt in Meißen eine Burg erbauen.
10. Jh.	Die Markgrafschaft Meißen wird zum Kernland des späteren Kurfürstentums Sachsen.
1089	Das Fürstenhaus Wettin erhält die Markgrafschaft zum Lehen.
um 1200	Eine markgräfliche Burg entsteht in „Drezdzany".
1206	Eine Urkunde erwähnt „Dresdene".
1216	Gegenüber dem Dorf „Altendresden" – rechts-elbisch – wird „Neuendresden" als Stadt bezeichnet.
um 1300	Bau eines Schlosses und der Stadtbefestigung.
1403	Altendresden erhält die Stadtrechte.
1423	König Sigismund belehnt Friedrich den Streitbaren mit dem Herzogtum Sachsen-Wittenberg, mit dem auch die Kurwürde verbunden ist. Bald wird das gesamte Territorium Sachsen oder Kursachsen genannt. Anstelle der romanischen Burg lassen die Wettiner in Meißen die Albrechtsburg erbauen.
1464	Nach dem Tod Friedrichs des Sanftmütigen regieren seine beiden Söhne Ernst und Albrecht gemeinsam. Sie wählen Dresden zu ihrem ständigen Wohnsitz.
1485	Leipziger Teilung: Der Territorialstaat wird unter der ernestinischen und der albertinischen Linie der Wettiner aufgeteilt. Dresden wird Residenz Albrechts und seiner Nachfolger.
1491	Nach einem verheerenden Stadtbrand werden vorwiegend Steinhäuser mit Ziegeldächern erbaut.
um 1500	Umbau der Burg in der Altstadt zum Schloss und Ausbau der alten Stadtmauer zur Festungsanlage.
1539	Einführung der Reformation in Dresden.
1547	Herzog Moritz wird Kurfürst, Erweiterung des Schlosses.
1685	Stadtbrand in Altendresden. Es entsteht die „Neustadt", in welcher der Bau von Steinhäusern vorgeschrieben ist.
1694	Friedrich August I., genannt August der Starke, wird Kurfürst.
1697	August der Starke tritt samt seinem Hof zum katholischen Glauben über und wird König von Polen. Er herrscht damit über eines der größten Territorien Europas. Nach dem Vorbild König Ludwigs XIV. von Frankreich beginnt eine verschwenderische Bautätigkeit. Werke von Weltrang entstehen in Dresden und Umgebung: der Zwinger (ab 1710), die Frauenkirche sowie die Schlösser von Moritzburg und Pillnitz. August trägt bedeutende Kunstgegenstände zusammen.

1708	Der Alchimist Böttger erfindet das europäische Porzellan.
1710	Gründung der ersten europäischen Porzellanmanufaktur in der Albrechtsburg von Meißen.
1719	Prunkvolle Vermählung des Kurprinzen Friedrich August mit der habsburgischen Kaisertochter Maria Josepha.
1733	Tod Augusts des Starken. Sein Sohn Friedrich August II., gleichzeitig König von Polen (August III.), führt die kostspieligen Sammlungen fort. Mit dem Reiterstandbild „Goldener Reiter" auf dem Neustädter Markt verherrlicht er seinen berühmten Vater.
1756-63	Mit dem Siebenjährigen Krieg erlischt der Glanz der Residenz. Viele Gebäude werden zerstört, Sachsen muss hohe Kriegsentschädigungen zahlen.
1806	Sachsen tritt dem „Rheinbund" bei und wird Königreich.
1809	Napoleon lässt die Festungswerke abbrechen.
1815	Wiener Kongress: Sachsen verliert die Hälfte seines Territoriums an Preußen.
1839	Erste deutsche Ferneisenbahn zwischen Dresden und Leipzig.
1849	Der Dresdner Maiaufstand wird vom Militär niedergeschlagen.
1918	Abschaffung der Monarchie. Dresden wird Hauptstadt des Freistaates Sachsen.
1945	Englische und amerikanische Bomberverbände zerstören am 13./14.2. das Stadtzentrum. Etwa 35.000 Menschen finden den Tod.
1952	Aufhebung der Länder in der damaligen DDR. Dresden wird eine von 14 Bezirksstädten.
1990	Nach der Wiedervereinigung mit der Bundesrepublik wird Dresden Landeshauptstadt des Freistaates Sachsen.
2006	Zur 800-Jahr-Feier Dresdens sind das Schloss und die Frauenkirche wieder aufgebaut.

Ein Rundgang durch die Altstadt

Dresdens Elbsilhouette

Dresden eilt der Ruf einer Kulturmetropole voraus. Die Stadt stand nach ihrer Zerstörung aus der Asche auf wie der legendäre Vogel Phönix.

Die beste Möglichkeit, die Anmut der Stadt auf den ersten Blick zu erfassen, bietet sich dem Besucher vom rechten Elbufer im Bereich der **Augustusbrücke** ①. Von hier zeigt sich ihm das unverwechselbare Elbpanorama. Seit Jahrhunderten wird dieser Anblick, auch „Canaletto-Blick" genannt, gerühmt und lockt seitdem Maler aus ganz Europa an. Im Vordergrund sind die Elbwiesen und der Strom mit der reizvollen Brücke, im Hintergrund die repräsentativen Bauten mit dem Georgentor des Residenzschlosses im Zentrum, links davon das massige, dunkle Ständehaus, die freundliche Sekundogenitur mit dem gefälligen Dachreiter, die langgestreckte Fassade der Kunstakademie mit der figurenbekrönten Kuppel sowie das wuchtige Albertinum, davor die langgestreckte Brühlsche Terrasse, der „Balkon Europas". Dieser wird neuerdings wieder überragt von der Kuppel

der Frauenkirche. Rechts neben dem Brückenkopf schließen sich die Katholische Hofkirche und die berühmte Semperoper dem Ensemble an, dazwischen steht das zierliche Gebäude des „Italienischen Dörfchens" vor dem weltberühmten Zwinger. Rechts neben der Oper entstand 1994 von Peter Kulka der neue Landtag mit seiner Glasfassade. Nach Westen schließt sich das breit gelagerte neue Kongresszentrum an. Dahinter erhebt sich der mächtige Erlweinspeicher. Das einstige Lagerhaus ist heute Hotel. Am Brückenkopf der Marienbrücke bildet die architektonisch interessante Yenidze den Abschluss des Panoramas.

M. Hammitzsch gestaltete diese ehemalige Tabakfabrik in Form einer Moschee.

Bereits im 13. Jahrhundert überspannte eine Steinbrücke den Strom zwischen den beiden Siedlungen. 1727-31 wurde die Brücke unter der Herrschaft August des Starken von Pöppelmann umgebaut. Sie sollte als Bindeglied den Strom in das Gesamtbild einbeziehen. Bei dem erforderlichen Neubau 1907-10 wurde von den Baumeistern Kreis und Klette nach dem Vorbild Pöppelmanns das Aussehen der Brücke bewahrt, aber den modernen Anforderungen des Verkehrs ange-

Blick von der Carolabrücke zur Brühlschen Terrasse mit dem Hausmannsturm, dem Ständehaus, der Katholischen Hofkirche und der Semperoper.

Das Residenzschloss ②

Von der Augustusbrücke kommt man über den Schlossplatz geradewegs zum Torbau des Residenzschlosses, dem Georgenbau. Er entstand ab 1530 im Stil der Spät-renaissance als Wohnschloss für Herzog Georg den Bärtigen. Trotz der Renovierung 1964-66 erscheint der Bau beinahe schwarz, was auf den hohen Eisengehalt des sächsischen Sandsteins zurückzuführen ist. Der Georgenbau bildet das Bin-

Innenhof des Residenzschlosses – renovierte Fassade mit Sgraffito-Malerei, einer historischen Kratzputztechnik.

Detail am Westflügel des Schlosses.

Blick vom Theaterplatz zum Westflügel des Schlosses.

deglied zwischen dem links anschlie-
ßenden Stallbau und dem Schlossbau, der ab 1500 anstelle der Burg
am Taschenberg errichtet wurde.
Seit dem Jahr 2006 erstrahlen die
Paläste rund um den Hausmannsturm wieder im Glanz hochherr-
schaftlicher Macht und versetzen
den Besucher in jene Zeit zurück,
als hier im Schloss das Zentrum
des mächtigen Landes lag. Auch
sind die berühmten Kunstsamm-
lungen an ihren ursprünglichen
Ort zurückgekehrt: das Kupferstichkabinett, die Kunstbibliothek und
die Rüstkammer sowie, allen voran,
das legendäre **Schatzkammermuseum** Augusts des Starken in den
wieder erstandenen „**Grünen Ge-
wölben**" des Residenzschlosses.
Allein diese Sammlung lockte in
den 30 Jahren ihrer Präsentation im
Albertinum etwa 19,5 Millionen
Besucher an.
Bereits im Jahr 1680 wurde die
„Kunstkammer" im grün gestriche-
nen Gewölbe des Residenzschlosses hoch gelobt. Von diesen Räum-
lichkeiten erhielt sie auch ihren
Namen. Doch erst August der Starke
und sein Sohn August III. ließen sie
durch ihre kostspielige Sammelleidenschaft zu dem werden, was sie
heute ist: die bedeutendste Sammlung dieser Art in Europa. Edelste
Materialien, meisterhaft verarbei-
tet, versetzen den Beschauer in eine
Märchenwelt nie gesehener Schät-
ze, die im Bernsteinkabinett und
den sieben Räumen der historischen
Schatzkammer untergebracht sind.
Besonders kunstvoll sind die Arbei-

*Georgenbau, Renaissancepalast mit
zur Brühlschen Terrasse.*

prächtigen Portalen und Giebelhäusern, gesehen vom Treppenaufgang

ten des Hofjuweliers Dinglinger, der für August den Starken u.a. das „Goldene Kaffeezeug" fertigte, goldene emaillierte Tassen, reich mit Edelsteinen geschmückt, sowie wohl das beliebteste Ausstellungsstück, den berühmten „Hofstaat zu Delhi" mit 137 goldenen, bunt emaillierten Figuren, verziert mit über 5000 Diamanten, Rubi-

nen, Smaragden und Perlen. Es kostete den Landesherrn damals fast 60.000 Taler und damit weit mehr als der Rohbau seines aufwändigen Jagdschlosses Moritzburg. Künstlerisch noch wertvoller ist Dinglingers „Bad der Diana", sein Lieblingswerk, mit der mythologischen Szene, in der die unnahbare Göttin Diana einen Jüng-

◀ *Detail: Dromedar*

Schatzkammermuseum „Grünes Gewölbe"

◀ *Jagdelefant*

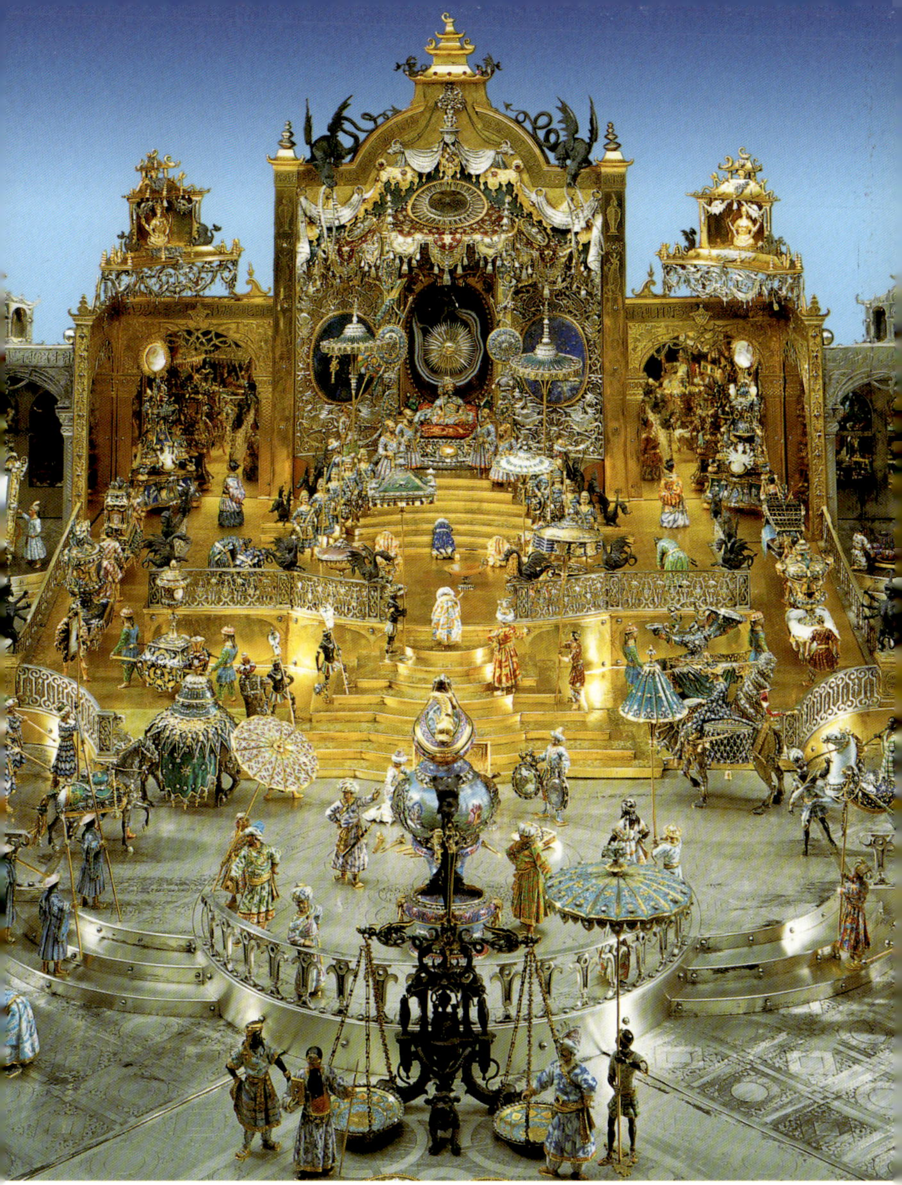

„Der Hofstaat zu Delhi", Teilansicht.

Residenzschloss:
Grünes Gewölbe, Kupferstichkabinett, Georgenbau
(Sonderausstellungen), Hausmannsturm: *Mi-Mo 10-18 Uhr,*
Tel. 0351/4914619. Der Besuch des Grünen Gewölbes ist zahlenmäßig
limitiert. Es empfiehlt sich Kartenvorbestellung.
Kunstbibliothek: *Mo-Fr 10-18 Uhr, Tel. 4914619.*

Grünes Gewölbe: das goldene Kaffeezeug von Dinglinger.

ling in einen Hirsch verwandelt und ihn von seinen Hunden zerreißen lässt, weil er sie beim Baden belauscht hat. Den Wert manch unscheinbarer Kunstwerke bemerkt man erst beim genauen Hinsehen, so den des Kirschkerns, der unter der Lupe 186 eingeschnittene menschliche Gesichter offenbart. Nicht zu übersehen sind dagegen das Geschmeide aus dem 16. und 17. Jahrhundert sowie neun vollständige Juwelen-Garnituren, die den größten historischen Juwelenschatz Europas bilden und vergessen lassen, dass im Albertinum aus Platzgründen nur etwa die Hälfte aller Kostbarkeiten ausgestellt war. Der gesamte Schatz mit etwa 3000 Exponaten ist nach dem Umzug vom Albertinum seit 2006 wieder an seinem ursprünglichen Platz zu besuchen. Auch das Kupferstichkabinett ist inzwischen im Residenzschloss untergebracht. Bereits 1588 hatten die Wettiner Holzschnitte und Kupferstiche Dürers für ihre Kunst-

kammer erworben. Da die Exponate immer zahlreicher wurden, richtete August der Starke das Kabinett als selbstständige Sammlung ein. Heute enthält es 390.000 Werke, Zeichnungen und Graphiken aus der Zeit ab 1400, historische Bildnisse und Ortsansichten, Fotos, Plakate und Bücher. Auch die Kunstbibliothek präsentiert sich mit inzwischen 130.000 Bänden – meist aktuellen Werken, aber auch Raritäten – im Schloss.

Der wieder errichtete Georgenbau gibt mit seinen unzähligen Schmuckelementen und den zahlreichen Attributen der frühen Renaissance einen Vorgeschmack auf das Gesamtkunstwerk. Prächtig renoviert wurde auch das „Schöne Tor" (1555/56), ein triumphbogenartiges Portal im Stil der Spätrenaissance, das ursprünglich als Eingang zur evangelischen Hofkapelle gedient hatte. Das Stallgebäude und den „Fürstenzug" werden wir später ausführlich behandeln.

„Der Hofstaat zu Delhi",
Tragsessel des
Mir Miron.

Die Hofkirche ③

Den westlichen Abschluss des Schlossplatzes bildet die Katholische Hofkirche. Der durchbrochene 83 m hohe Turm erscheint durch seinen ovalen Grundriss je nach Blickwinkel manchmal breit, manchmal schmal, immer jedoch beherrscht er das Zentrum der Elbsilhouette. Dabei unterstützt ihn das hohe Dach des Kirchenschiffs, gerahmt

Vom Aufgang der Brühlschen Terrasse hat der Besucher einen faszinierenden Blick auf die Katholische Hofkirche. Links der Hausmannsturm und der Georgenbau des einstigen Residenzschlosses.

17

von über 3 m hohen Statuen – 78 sind es insgesamt. Das Gotteshaus entstand in der Mitte des 18. Jahrhunderts im Auftrag Augusts III. durch den italienischen Baumeister Chiaveri, der ausschließlich Landsleute bei diesem Bau beschäftigte. Aus städtebaulichen Aspekten ist das Gotteshaus nicht wie üblich von Westen nach Osten ausgerichtet, sondern wendet seinen Turm dem Brückenkopf zu.

August der Starke, an religiösen Dingen wenig interessiert, hatte nach seinem Übertritt zum katholischen Glauben – um König in Polen werden zu können – den Gottesdienst in der bescheidenen Schlosskapelle im Residenzschloss abhalten lassen, ab 1707 im leerstehenden Opernhaus beim Schloss. Als die evangelische Bürgerschaft im Begriff war, mit dem Bau der Frauenkirche (ab 1726) den bedeutendsten protestantischen Sakralbau Europas zu schaffen, sah August III. die Notwendigkeit eines katholischen Gegenpols. Nun war es zu jener Zeit auch für einen König nicht einfach, in einer protestantischen Stadt den Bau einer katholischen Kirche durchzuset-

Katholische Hofkirche:
Blick durch das dreigeschossige
Langhaus auf die berühmte
Orgel, ein Werk des Orgelbauers
Gottfried Silbermann
(1683-1753).

*Innenraum der Katholischen Hofkirche: Altargemälde
„Christi Himmelfahrt", rechts die Permoser-Kanzel.*

20

zen. So liefen Planung und Vorbereitung für den spätbarocken Bau römischer Prägung in aller Heimlichkeit. Der religiöse Kompromiss, den August der Starke 1697 eingegangen war, verlangte auch hier Rücksichtnahme auf die protestantischen Bürger der Residenzstadt. Diese versagten der Kirche die Anerkennung und die Genehmigung, die Glocken zu läuten. Erst 1806, als Napoleon Sachsen zum Königreich machte, erklang erstmals das Geläut.

Der Kompromiss wird auch im Inneren des Gotteshauses augenfällig, wo ein Prozessionsgang angelegt ist. Im protestantischen Dresden wäre damals eine katholische Prozession undenkbar gewesen. Die kostbare Innenausstattung – eine Silbermann-Orgel, eine Rokoko-Kanzel (Balth. Permoser) und die Gemälde des bedeutenden Künstlers Anton R. Mengs, der auch in Rom und Madrid tätig war – gab der neuen fürstlichen Begräbnisstätte einen würdigen Rahmen. Die Wettiner von Heinrich dem Frommen an hatten ihre Grablege im Dom zu Freiberg, die den katholischen Herrschern verschlossen blieb. August der Starke ruht in der Gruft des Doms zu Krakau, sein Herz jedoch wurde nach Fertigstellung der Kirche hier in der Dresdner Gruft beigesetzt. Der Sage nach soll es noch heute zu schlagen beginnen, wenn eine hübsche junge Frau vorübergeht. Das Herz befindet sich in einem schlichten Kupfergefäß neben den Prunksärgen der späteren Wettiner.

Statue von L. Mattielli auf der Balustrade der Hofkirche: der hl. Laurentius

Die 1945 zerstörte Kirche ist seit 1962 wieder aufgebaut, wenn auch die gründliche Restauration noch immer nicht abgeschlossen ist. Besonders erfreulich ist die originalgetreue Wiederherstellung der Orgel, des größten und letzten Werkes des berühmten Orgelbauers Silbermann. Eine Pieta aus Meißner Porzellan (1973) befindet sich in einer Seitenkapelle und ist „den Opfern des 13. Februar 1945 und aller ungerechten Gewalt" gewidmet. Seit 1980 ist die Kirche durch päpstliches Dekret Kathedrale des Bistums Dresden-Meißen.

Am Theaterplatz ④

Die Hofkirche bildet zusammen mit dem Residenzschloss die östliche Begrenzung des Theaterplatzes, der ausschließlich von Sandsteinbauten gerahmt ist. Gegen die Elbe schließt ihn der niedrige Portalbau der Gaststätte „Italienisches Dörfchen" ab, der sich bescheiden vor den bedeutenden Gebäuden seiner Umgebung zu ducken scheint. Der Name leitet sich von der Ansammlung kleiner Bauten und Buden ab, in denen beim Bau der Hofkirche die italienischen Steinmetze jahrelang wohnten. Das heutige Gebäude schuf um 1912 Erlwein im Stil des Dresdner Neubarock, sein Figurenschmuck stammt von Georg Wrba. Ein weiterer kleiner Bau steht innerhalb des Platzgevierts, die Altstädter Wache. Sie entstand nach einem Entwurf von K. F. Schinkel und wurde vom Baumeister J. Thürmer 1830-32 errichtet. Die Linienführung ist einfach, die Giebel werden durch den plastischen Schmuck dezent hervorgehoben. Die Platzmitte aber beherrscht das hohe Reiterdenkmal, das 1889 entstand und den Sachsenkönig Johann darstellt, der sich auch als Übersetzer von Dantes „Göttliche Komödie" einen Namen machte.

Frühjahr am Theaterplatz vor der prächtigen Kulisse der Hofkirche (links) und des ehemaligen Residenzschlosses mit dem imposanten Hausmannsturm.

Die Semperoper ⑤

Den Ruhm Dresdens als Musikstadt begründeten ihre Schauspiel- und Opernhäuser, deren schönstes und perfektestes heute den Theaterplatz beherrscht. Etwa an dieser Stelle bestand bereits 1678 ein Opernhaus, einer der ersten festen Theaterbauten nördlich der Alpen. Acht weitere Opernhäuser sollten folgen. Berühmte Dirigenten, Komponisten und Sänger wirkten in diesen Häusern: Heinrich Schütz, Schöpfer der ersten deutschen Oper (Daphne), Johann Adolf Hasse, Carl Maria von Weber und die italienische Mezzosopranistin Bordoni. 1841 eröffnete das neue Königliche Hoftheater und setzte seinen Baumeister Gottfried Semper schlagartig in den Mittelpunkt der europäischen Theaterszene. Im Jahr darauf kam Richard Wagner als Kapell-

Semperoper: Das harmonische Bauwerk gefällt durch den steten Hauptportal mit der krönenden Pantherquadriga steigert.

meister nach Dresden und dirigierte die Uraufführungen seiner Opern „Rienzi", „Der fliegende Holländer" und „Tannhäuser". Die beiden genialen Künstler Semper und Wagner wurden Freunde, kämpften 1849 zusammen auf den Barrikaden für eine demokratische Verfassung und mussten nach der Niederschlagung der Revolution aus Dresden fliehen. Der berühmte Prachtbau im Stil italienischer Frührenaissance fiel 1869 einem Brand zum Opfer, die Oper zog bis 1878 in ein provisorisches Domizil, die „Bretterbude". Inzwischen beauftragte man erneut Gottfried Semper mit der Planung eines Neubaus. Dieser vielbeschäftigte Architekt hatte bereits das Hoftheater in Rio de Janeiro und das Festspielhaus in München konzipiert – beide wurden allerdings nie gebaut – und war gleichzeitig mit den Plänen für das „Kai-

Rhythmus der Säulen und Fenster, der sich beim triumphbogenartigen Rechts das Reiterdenkmal für König Johann von Sachsen.

Doppelsäulen und Pilaster tragen das Kreuzgewölbe im Treppenhaus.

Der festliche Zuschauerraum der Dresdner Oper.

serforum" und das Burgtheater in Wien beschäftigt. Dennoch übernahm er die reizvolle Aufgabe und schuf das heutige Bauwerk, das sowohl von der äußeren Form und inneren Ausstattung als auch von der Funktionalität beispielgebend für alle Opernhäuser der Welt wurde. Hier wirkten berühmte Kapellmeister wie Karl Böhm, wurden neun Opern von Richard Strauß uraufgeführt. Der Raumklang stellte sogar den der Mailänder Scala in den Schatten. Mit der Innenstadt fiel in der Bombennacht im Februar 1945 auch das weltberühmte Opernhaus in Trümmer, und es dauerte 40 Jahre, ehe es – im Äußeren weit-

gehend originalgetreu – wieder aufgebaut war. Auch die Restaurierung im Innern ist als gelungen zu betrachten, so dass der Besucher sich wieder wie in der Blütezeit der Oper fühlen kann, während andererseits die Akteure die Vorteile moderner Technik genießen. In den neu erbauten flachen Gebäuden an der Rückseite der Oper wurden die für den heutigen Opernbetrieb benötigten Einrichtungen untergebracht. Die Schauseite des Opernbaus weist mit den türartigen Fenstern der Rundfoyers zur Platzmitte. Ihr Gleichklang wird im Obergeschoss durch die Doppelsäulen betont. In den Nischen der seitlichen

Semperoper:
*Anmeldungen zu Führungen unter
Telefon 03 51/4 91 10*

Treppenhäuser sind noch Figuren des älteren Sempertheaters erhalten, links Shakespeare und Sophokles, rechts Molière und Euripides. In der Mitte aber ragt triumphbogenartig das Mittelportal gegen den Himmel, gekrönt von der Quadriga: Dionysos, griechischer Gott und Schutzherr von Komödie und Tragödie, lenkt den von Panthern gezogenen Wagen, Ariadne ist seine Begleiterin. Ebenso wie das Reiterdenkmal davor stammt die Darstellung aus der Werkstatt des Bildhauers Johannes Schilling. In der farbig ausgemalten Nische darunter sind die drei Grazien in Begleitung von Marsyas und Apollo dargestellt, seitlich des Hauptportals die deutschen Dichterfürsten Goethe und Schiller, Werke des Rietschel-Schülers Johannes Schilling. Der Schmuck der zurückversetzten Obergeschosse beschränkt sich auf klar gegliederte Fensterfronten und wenige Fabelwesen am antikischen Giebel des Bühnenhauses, gekrönt durch die symbolhafte Leier.

Auch im Inneren wirkt die Oper eher zurückhaltend vornehm, klassisch im Sinne der Renaissance, und das trotz des reichen dekorativen und bildnerischen Schmucks. Der Zuschauerraum präsentiert sich als herkömmliches Rangtheater, wo sich der Besucher im perfekten Einklang von Umgebung und Darstellung fühlt. Ebenso beeindruckend wirken besonders das obere Rundfoyer sowie das obere Vestibül in ihrer renaissancehaft-klassischen Festlichkeit.

Romantik pur strahlt der nächtlich erleuchtete Theaterplatz aus, beherrscht von der beeindruckenden Fassade der Semperoper.

Der Zwinger ⑥

Die Südseite des Theaterplatzes wird von der Neorenaissancefassade der Gemäldegalerie begrenzt. Ein Denkmal rechts davon erinnert an den berühmten Komponisten Carl Maria von Weber, der von 1817-1826 als Generalmusikdirektor an der Deutschen Oper in Dresden wirkte. Der Mitteldurchgang führt in den weiten Innenhof. Mit Ausnahme dieses später errichteten Gebäudes entstand die bis dahin dreiflügelige Anlage unter der Herrschaft Augusts des Starken in den Jahren

Blick über den Innenhof des weltberühmten Zwingers mit dem Wall-

1710-32 im Barockstil. Der Name „Zwinger" ergab sich aus seiner Lage hinter der Stadtbefestigung. Ursprünglich hatte der König, der sich in seiner Jugend mit Architektur beschäftigte, den Plan für eine Orangerie selbst entworfen. Die provisorische Anlage aus Holz stand schon 1709. 1710 bekam Pöppelmann den Auftrag für ein Orangeriegebäude und begann den nordwestlichen Teil des Zwingers mit zwei doppelgeschossigen Eckpavillons und einer beide Gebäude verbindenden eingeschossigen Bogengalerie. Der Platz wurde zu ei-

pavillon, einem kunstvoll gestalteten Treppenaufgang.

nem Festsaal unter freiem Himmel, einer Bühne für Lustbarkeiten. In einzigartiger Weise ist Pöppelmann und seinem engsten Mitarbeiter, dem Bildhauer Permoser, eine perfekte Synthese von Architektur und figürlichem Schmuck gelungen, die den Zwinger zum Hauptanziehungspunkt einer an Sehenswürdigkeiten gewiss nicht armen Stadt gemacht hat.

Eines der Wahrzeichen ist das **Kronentor**, dessen vergoldetes Symbol der Königswürde von vier polnischen Adlern getragen wird. In den Nischen des Torbaus hat Permoser die Jahreszeiten symbolisch dargestellt. Die lange Galerie rechts führt zum **Mathematisch-Physikalischen Salon**. In ihm befindet sich eine der ältesten und bedeutendsten Sammlungen wissenschaft-

Zwinger: Markanter Satyrkopf.

lich-technischer Geräte sowie eine Sammlung von Erd- und Himmelsgloben und eine Sammlung historisch interessanter Uhren. Eine har-

Blick von der Langgalerie in den Innenhof des Zwingers.
Das Gebäude mit dem Durchgang zum Theaterplatz schuf
Gottfried Semper.

Zwinger: die prunkvolle Bedachung des Kronentors.

monisch geschwungene Galerie verbindet das Gebäude mit dem **Wallpavillon**, dem architektonisch und vom plastischen Schmuck her beeindruckendsten Bauwerk des Komplexes: Der Torbau dient lediglich als großzügiges Treppenhaus für den Aufgang zu den Galerien. Die zahlreichen Figuren sind der griechischen Sage von den goldenen Äpfeln der Hesperiden entlehnt: Herkules muss dafür von Atlas die Weltkugel übernehmen, kann sich aber durch eine List wieder davon befreien. Die Kuppel ist von einer kräftigen männlichen Figur bekrönt, dem „Herkules Saxonius", als den sich August der Starke

gern bezeichnen ließ. Nach rechts schließt sich der Französische Pavillon an. Im Gebäude links vom Kronentor ist die **Porzellansammlung** untergebracht mit kostbaren Stücken aus Ostasien und der Meißner Porzellanmanufaktur, eine der umfangreichsten und qualitätvollsten Sammlungen der Welt. Die berühmten „Dragonervasen" bezahlte August der Starke dem Preußenkönig Friedrich Wilhelm I. dadurch, dass er ihm 600 seiner Dragoner überließ. Der stadtseitige Ausgang führt durch den Glockenspielpavillon, so genannt nach dem eingebauten Glockenspiel aus Meißner Porzellan.

Zwinger: Im Mathematisch-Physikalischen Salon ist eine Sammlung technischer Geräte beheimatet.

Porzellansammlung:
Mathematisch-Physikalischer Salon:
Di-So 10-19 Uhr, Tel. 03 51/4 91 46 19

Porzellansammlung im Zwinger: Bogengalerie mit chinesischen und japanischen Porzellanen.

Die Seite zum Theaterplatz blieb noch über 100 Jahre nach dem Tod des Bauherrn offen. Die Anlage wurde zudem im 7-jährigen Krieg teilweise zerstört und verfiel. Erst Semper, seit 1834 Professor an der Kunstakademie, nahm sich des Zwingers an. Ursprünglich wollte er den Bau unter Einbeziehung seines Schauspielhauses bis an die Elbe verlängern, doch scheiterte der Plan an der Finanzierung. 1847 begann er dann mit dem Bau des heutigen Galeriegebäudes und schloss damit den Hof und den Baukomplex, ohne in aufdringlicher Weise die Bauten Augusts zu dominieren. Im Westflügel ist heute die Rüstkammer untergebracht, im Westteil die berühmte **Gemäldegalerie „Alte Meister"**. Sie allein hat schon viele Besucher nach Dresden gelockt, denn welche Galerie besitzt schon Kunstwerke ersten Ranges von Correggio, Tizian (Zinsgroschen), Giorgione (Schlummernde Venus), Vermeer van Delft, Rembrandt, van Eyck, Lucas Cranach d.Ä. und Albrecht Dürer, ganz zu schweigen von der weltberühmten „Sixtinischen Madonna" Raffaels, die König August III. 1754 für die enorme Summe von 20.000 Dukaten erstand.

Zwinger: Das Nymphenbad gilt als eines der hervorragendsten Werke Permosers.

![Sixtinische Madonna]

Galerie Alte Meister: Die weltberühmte Sixtinische Madonna, ein Meisterwerk des italienischen Malers Raffael (1483-1520).

Die **Rüstkammer** besitzt eine prächtige Sammlung von Prunkwaffen, die von den sächsischen Fürsten zur Repräsentation bei Turnieren und Jagden benutzt wurden.

Besonders wertvoll sind das erste Kurschwert (1425), ein Prunkharnisch von Kurfürst Christian II. und das Krönungsornat Augusts des Starken.

Gemäldegalerie Alte Meister:
Rüstkammer (Historisches Museum):
Di-So 10-18 Uhr, Tel. 03 51/4 91 46 19

Das Taschenbergpalais ließ August der Starke für seine Mätresse, die Gräfin Cosel, direkt neben dem Schloss errichten.

Durch die Treppenanlage des Wallpavillons gelangen wir auf die Galerie, von der wir einen prächtigen Überblick über den gesamten Zwingerkomplex genießen. Diese Anlage ist in der europäischen Architekturgeschichte einmalig. Hinter dem Französischen Bau – rechts vom Aufgang – verdichtet sich der Figurenschmuck Permosers hin zu einem seiner Hauptwerke, dem tiefer liegenden **Nymphenbad**. Je acht ansehnliche weibliche Wesen in den Wandnischen beider Seiten betrachten die kunstvollen Wasserspiele, ihrerseits heimlich beobachtet von Satyrn, Dämonen und fischähnlichen Ungeheuern. Die lebhafte Szene um die Kaskade symbolisiert die Sinnenfreuden des Barockzeit-

alters, die Augusts Bildhauer Permoser meisterhaft verewigt hat.

Taschenbergpalais ⑦ und Cholerabrunnen

Wir verlassen den Innenhof des Zwingers durch den Glockenspielpavillon und befinden uns gegenüber dem Taschenbergpalais – heute ein exklusives Hotel mit einem gekonnt zu einem mittelalterlichen Erlebnisrestaurant ausgebauten Gewölbekeller. August der Starke hatte das Palais 1706 für seine berühmteste Mätresse, die Gräfin Cosel, erbauen lassen. Der Landesherr war bekanntermaßen schönen Frauen sehr zugetan und spendierte ihr sogar einen direkten Zugang

zum Schloss. Die ehrgeizige Gräfin erreichte von ihm gar ein Ehe-
versprechen. Sie gewann Einfluss
auf die Politik des Hofes, was ihr
naturgemäß auch Gegner einbrachte.
1716 fiel sie in Ungnade und musste
fliehen. Später wurde sie ausgelie-
fert und gegen preußische Deser-
teure ausgetauscht. Den Rest ihres
Lebens – immerhin 49 Jahre – ver-
brachte sie als Gefangene in einem
Turm der kurfürstlichen Burg
Stolpen. Das Palais wurde später
Wohnsitz der Kronprinzen-Familie.
Es wurde mehrfach umgebaut und
erweitert. Dann diente es bis 1945
vorwiegend als Bürogebäude. Im
Krieg zerstört, stand die Ruine fast
50 Jahre, bis sie als Hotel nach historischen Vorgaben aufgebaut wurde. Neben der Fassade mit ihrem
Reliefschmuck im Eingangsbereich
wurden das Treppenhaus und einige
Räume originalgetreu rekonstruiert.
Nach der Oper und der Galerie im
Zwinger entwarf Semper ein wei-
teres Bauwerk für Dresden, den
Cholerabrunnen vor dem Taschen-

bergpalais. Im Gegensatz zu den
berühmteren Bauten im Stil der
Renaissance versuchte er sich hier
mit Erfolg an gotischen Formen.
Der 18 m hohe Aufbau gleicht einer
Kirchturmspitze. Das Bauwerk soll
an die Choleraepidemie 1840/41
erinnern, von der Dresden glücklich
verschont blieb.

Der Altmarkt ⑧

Biegen wir am Taschenbergpalais
in die Kleine Brüdergasse und von
dort in die Schlossstraße Richtung
Altmarkt ein, befindet sich links
von uns, auf der Wilsdruffer Straße,
der 1966-69 erbaute Kulturpalast
mit seinem Kupferdach. Auf einem
Grundriss von ca. 102 m mal 70 m
bietet er viel Raum für Veranstaltungen aller Art. Im Festsaal, wo
auch die Dresdner Philharmoniker
häufig auftreten, ist Platz für 2400
Besucher. Vor dem **Kulturpalast**
dehnt sich weit der Altmarkt, den
es in verkleinerter Form bereits
seit über 500 Jahren gibt. Von den

*Detail des
Cholerabrunnens,
erbaut nach einem
Entwurf des
Architekten Semper
von 1843.*

Bauten, die hier bis 1945 entstanden, blieb allerdings nur die Kreuzkirche erhalten. In den fünfziger Jahren begann der Wiederaufbau des historischen Platzes mit der West- und Ostfront. Die Häuser wurden in einem an die traditionellen Dresdner Barockformen anknüpfenden Stil erbaut. An der Westseite befand sich 1741-1945 das Alte Rathaus. Dessen Vorgänger wiederum stand mitten auf dem Altmarktgelände gegenüber dem heutigen Kulturpalast, ehe es August der Starke 1707 abreißen ließ, um einen ausreichend großen Turnierplatz zu gewinnen.

In einem Vorbau an der Westseite ist das bekannte „Café Prag" untergebracht. Im Süden entstanden 1998 einige Neubauten, die den Platz nach dieser Seite begrenzen.

Daneben befindet sich die **Kreuzkirche**, die sich bis 1945 abseits des weitaus kleineren Platzes befand. Hier stand schon vor der Stadtgründung ein Gotteshaus, die Nikolaikirche. Sie wechselte ihren Namen nach der Heirat Heinrichs des Erlauchten (13. Jh.), dessen Gemahlin aus ihrer Heimat einen Splitter vom Kreuz Christi mitbrachte. Nach 1400 wurde sie in gotischem Stil neu erbaut, jedoch beim Stadtbrand 1491, ebenso wie ihre Nachfolger in den späteren Jahrhunderten durch Brand und Kriegseinwirkungen, wieder zerstört. Der heutige Bau entstand 1897-1900 sowie nochmals nach 1945 und gibt den Aufführungen des berühmten Kreuzchors einen schlichten, würdigen Rahmen.

Die Kreuzkirche am Altmarkt war bis 1878 Mutterkirche der weltberühmten Frauenkirche.

Neues Rathaus: Der mächtige 98 m hohe Rathausturm mit dem „Goldenen Mann" überragt den wenig gegliederten Zweckbau. Hinten die Spitze der Kreuzkirche.

Nördlich der Kirche verläuft die Kreuzstraße im Schatten des mächtigen, fast ungegliederten **Neuen Rathauses** ⑨, erbaut 1905-1910. Nach dem Krieg wurden der Südflügel 1948-52 und 1962-65 der Festsaalflügel im Osten vereinfacht wieder aufgebaut. Der Rathausmann krönt weithin sichtbar den ca. 98 m hohen Turm mit seinem doppelt geschwungenen Kupferdach. Auf dem Aussichtsrundgang ist der Figurenschmuck von Bildhauern wie Peter Pöppelmann, Fischer, Selbmann und Schreitmüller erhalten. Die Gruppe „Bacchus, auf einem Esel reitend" von Georg

Wrba am Eingang zum Ratskeller findet besonders viel Beachtung. Eine Zehe des Weingottes ist blank geputzt, weil die Berührung, der Legende nach, dem Besucher Glück bringen soll.

Gehen wir den Rathausplatz entlang, vorbei am Denkmal der „Trümmerfrau", stehen wir vor dem Gewandhaus. Es wurde 1768-70 nach Entwürfen von J.G. Schmidt und F. Knöbel errichtet. Auch dieses Barockgebäude wurde im Krieg zerstört und 1965-67 als Hotel ausgebaut. Interessant ist der Dinglingerbrunnen an seiner Rückfront. Der barocke Brunnen stammt aus dem zerstörten Wohnhaus Dinglingers und wurde 1966 hierher versetzt. Ganz in der Nähe, auf der Weißen Gasse, finden wir einen weiteren Brunnen. Der „Gänsediebbrunnen" wurde 1876-80 von

te dieser Art in Dresden. Sehenswert ist das Treppenhaus mit der doppelläufig nach oben geschwungenen Treppe und den kunstvollen Eisengittern. Das Landhaus wurde nach Dresdens Zerstörung in den

Das Landhaus, heute Museum zur Geschichte der Stadt.

Robert Diez geschaffen. Auch er stand ursprünglich an einer anderen Stelle.

Am Landhaus ⑩

Bummeln wir zurück zum Dinglingerbrunnen und die Gewandhausstraße entlang, erblicken wir auf der anderen Seite der breiten Wilsdruffer Straße das Landhaus. Es wurde nach Entwürfen F. A. Krubsacius 1770-76 erbaut. Seine klassizistische Fassade war die ers-

Jahren 1963-65 denkmalgerecht wieder aufgebaut. Heute beherbergt es das Stadtmuseum. Es verfügt über viele Exponate, die mit der Stadt- und Landesgeschichte verbunden sind. Auf vier Ausstellungsetagen bekommt der Besucher einen Einblick in die Entwicklung der Stadt von der Gründung bis zur Gegenwart.

Gegenüber der Nordfassade des Landhauses, in der Schießgasse, finden wir das Polizeipräsidium. 1895-1900 wurde es vom Archi-

Städtische Galerie/Stadtmuseum im Landhaus
Sa-Do 10-18 Uhr, Fr 12-20 Uhr
Montags geschlossen
Tel. 03 51/65 64 80

tekten J. Temper im Stil eines Renaissancepalastes mit barocken Reminiszenzen erbaut. Ihm gegenüber befindet sich die Ruine des Kurländer Palais. Dieses Wohnhaus wurde 1729 von J. Ch. Knöffel

ebenso mächtigen, aber frisch renovierten Sandsteinbau des Albertinums. Als Zweckbau entstand er ab 1884 im Auftrag König Alberts, der ihn auf den Grundmauern des alten Zeughauses (16. Jh.) errichten

Treppenhaus im Alten Landhaus.

für Minister Wackerbarth errichtet. Seinen Namen erhielt es nach seinem späteren Besitzer, dem Herzog von Kurland.

Das Albertinum ⑪

Der Tzschirnerplatz trennt den Kolossalbau des Polizeipräsidiums – heute Polizeidirektion – von dem

ließ. Von diesem Gebäude ist die zweischiffige Säulenhalle im Erdgeschoss erhalten, über der sich der prächtige Vierflügelbau im Stil der Neurenaissance erhebt. Für Kunstfreunde gehört das Gebäude zu den ersten Adressen Dresdens, denn in seinem Inneren birgt es bemerkenswerte Museen: die Galerie „Neue Meister" sowie die Skulpturen- und Münzsammlung.

Die **Galerie „Neue Meister"** trennte man 1931 von der großen Gemäldegalerie ab, die allzu umfangreich geworden war. Sie zeigt Werke aus dem 19. und 20. Jahrhundert in allen Stilrichtungen von Klassizismus und Impressionismus bis hin zur sozialistischen Malerei. Besonders beliebt sind die Gemälde der Romantiker wie C. D. Friedrich und Ludwig Richter, aber auch Werke von Manet, Monet, Degas, Gauguin, van Gogh, Max Liebermann und Otto Dix haben hier ihren Platz. Der Eingang zu diesen Sammlungen befindet sich auf der Brühlschen

Albertinum: Schaufront des Museumsbaus (ab 1884) gegen den Brühlschen Garten. Es beherbergt zwei Museen.

Gemäldegalerie Neue Meister:
Skulpturen- und Münzsammlung:
Mi-Mo 10-18 Uhr, Tel. 0351/4914619

Terrasse. Auch das zweite Museum des Albertinums, die **„Skulpturen- und Münzsammlung"** ist von da aus zu erreichen. Durch den Kauf antiker Marmorbildwerke schuf August der Starke den Grundstock des heutigen Museums. Es beherbergt etwa 500 Skulpturen, meist römische Nachbildungen griechischer Originale. Daneben findet man aber auch Bildwerke, Vasen und Kleinkunst aus dem alten Ägypten, Vorderasien, Griechenland und Etrurien sowie in einem zweiten Sammlungsbereich europäische Bildwerke vom frühen Mittelalter bis zur Neuzeit.

Das Münzkabinett zeigt die Entwicklung der antiken und der deutschen Zahlungsmittel ebenso wie Zeugnisse deutscher Medaillenkunst im 16. und 17. Jahrhundert. Unterhalb des Einganges zum Albertinum, am Georg-Treu-Platz, beginnen auch die Führungen durch die **Kasematten** unter dem einstigen Wall, die zu den Wehranlagen der Stadt – gegen Angriffe von der Elbe her – gehörten.

Am Neumarkt ⑫

Die nördliche Begrenzung der riesigen Baustelle um die wieder erstandene Frauenkirche bildet die **Kunstakademie** (1891). Der verwinkelte Komplex wird überragt von einer gläsernen Kuppel, bekrönt von einer vergoldeten Allegorie der Fama. Der Volksmund nennt die Bedachung, die zu Dresdens Elbsilhouette gehört, scherzhaft „Zitronenpresse".

Gegenüber gefällt das in barockem Gelb prangende **„Palais Cosel"** ⑬ mit seinen zweistöckigen Seitenflügeln. Graf Cosel, Sohn August des Starken mit seiner berühmten Mätresse, ließ das fünfstöckige Gebäude mit dem vorgewölbten Ehrenhofgitter und den bewegten Puttengruppen 1762 erbauen.

Rund um die Frauenkirche bestand bis 1945 ein harmonisches Stadtviertel als Kontrapunkt zu den Bauten des sächsischen Hofes. Diese Bürgerhäuser im Stil des Barock entstehen zur Zeit nach alten Plänen neu.

Pompöses Palais des Grafen Cosel am Neumarkt.

Die Frauenkirche ⑭

An dieser Stelle hatte bereits im frühen 18. Jahrhundert eine „Frauenkirche" bestanden, die jedoch im Laufe der Zeit baufällig und zu eng für die angewachsene Zahl der protestantischen Bürger Dresdens geworden war. Als Symbol ihres Selbstbewusstseins und zugleich Demonstration gegen den absolutistischen Kurfürsten August den Starken und sein Konvertieren zum Katholizismus nahm die Stadt 1726 den gewaltigen Neubau in Angriff. Architekt war der Ratszimmermeister George Bähr, der hier eines der bedeutendsten Mei-

Die wieder aufgebaute Frauenkirche, einzigartiges Monument sächsischer Barockbaukunst, erstrahlt im alten Glanz.

Die Glocken der Frauenkirche, anfangs noch am Boden zu bewundern.

Das 4,70 m hohe Turmkreuz der Frauenkirche, gestiftet von der britischen Fördergesellschaft „Dresden Trust".

Ruine der berühmten Frauenkirche: Zustand zu Beginn der Wiederaufbauphase ab 1993.

Panoramaansicht der Kirche mit Altar und neuer Orgel

sterwerke europäischer Baukunst schuf. Finanziert wurde der damalige Kraftakt, der immerhin fast 300.000 Taler erforderte, aus der Stadtkasse und Spendenaufkommen der Bürger. Dabei hatte Bähr, um Kosten zu sparen, Sandsteine aus der Vorgängerkirche verwenden lassen und die Kuppel als Holzkonstruktion geplant. Erst durch eine bedeutende Spende des Kurfürsten August III. – Sohn und Nachfolger Augusts des Starken – konnte die gewaltige „Steinerne Glocke" in Sandstein verwirklicht werden. Mit einem Außendurchmesser von 26 m ist sie die größte Steinkuppel nördlich der Alpen. Ihre Außenschale besitzt eine Wandstärke bis zu 1,75 Metern, die Innenschale von 25 Zentimetern. Zwischen beiden verläuft ein Wandelgang, der spiral-

Treffpunkt Galerie Frauenkirche
Frauenkirche-Souvenir-Konzertkasse-Information, Georg-Treu-Platz 3, 01067 Dresden, täglich 10 Uhr – 18 Uhr (Januar – März 10-17 Uhr) Tel. 03 51/6 56 06 83, Fax: 03 51/6 56 06 82, www.frauenkirche-dresden.de/shop Öffnungszeiten der Kirch lt. Aushang, Turmaufstieg: 01.04. – 31.10. 10-12 Uhr, 14-17 Uhr, 01.11. – 31.03. 10-12 Uhr, 14-15 Uhr

förmig hinauf zur Aussichtsplattform in 68 Meter Höhe führt. Das
Gewicht der Kuppel beträgt, ein-
schließlich der „Laterne", 13.000
Tonnen, das Kreuz reicht bis auf
über 91 Meter Höhe.

Zwei Tage nach dem verheerenden
Luftangriff im Februar 1945 stürzte
die Frauenkirche in sich zusammen.
Die brennenden Wohnhäuser hatten
eine gewaltige Hitze von über 1000
Grad Celsius erzeugt, die im Kir-
cheninneren das Gestühl in Brand
gesetzt und die Sandsteine zer-
mürbt hatte.

Zwar hatte man bereits kurz nach
1945 den Wiederaufbau des Gotteshauses geplant, davon jedoch bald
aus Geldmangel abgesehen. So blieb
die Ruine, ein Schuttberg mit zwei
größeren Mauerteilen, bis 1993
fast unberührt als Mahnmal gegen
den Wahnsinn von Krieg und sinn-
loser Zerstörung. Auch nach dem
Wiederaufbau gedenken viele Dresdener alljährlich am 13. Februar
mit brennenden Kerzen und stillen
Gebeten der Opfer des unseligen
Krieges. In den Monaten vor der
„Wende" war der Platz Ort des
stummen Verstehens und des auf-
keimenden Protestes gegen das un-
geliebte Regime.

Nach der Wiedervereinigung initi-
ierte eine Gruppe von zunächst 14
Mitgliedern – unter der Leitung des

Blick über Kirchraum und Emporen zum Altar

Musikers Professor Ludwig Güttler – den „Ruf aus Dresden", der weltweit um Hilfe für den Wiederaufbau der Frauenkirche warb. Daraus entstand die größte Denkmalschutz-Aktion und Bürgerinitiative Deutschlands, unterstützt auch von vier Fördervereinen in Großbritannien, den USA, Frankreich und der Schweiz. Aktionen wie „Stein-Adoptionen", der Verkauf von Armbanduhren und Andenken mit Splittern aus den Trümmern, von Gedenkmünzen sowie Stifterbriefen steigerten das Spendenaufkommen, so dass 1993 mit der Enttrümmerung begonnen werden konnte. Dabei fand man im Schutt mehr als 7000 Einzelstücke, darunter ein 95 Tonnen schweres Stück Kupferblech von der Turmfassade und bedeutende Stücke des Hauptaltars. Alle Teile wurden im Computer erfasst, nummeriert und für die spätere Verwendung in riesigen Regalen gelagert. Allein 3539 Fundstücke wurden in der Fassade wieder verwendet, heute an ihrer dunklen Patina leicht zu erkennen. Immerhin besteht die Kirche heute zu 45 Prozent aus originalen Teilen. Ihre Fassade wurde 2004 mit dem Aufsetzen der Laterne vollendet, gekrönt von einem sechs Meter ho-

Detail des Altars – der betende Christus vor der Silhouette Jerusalems

51

Blick zur Kunstakademie und Frauenkirche

hen vergoldeten Kreuz auf dem Symbol der Weltkugel. Es handelt sich hier um eine Stiftung des britischen Fördervereins „Dresden Trust", prominent vertreten durch den Herzog von Kent und den Bischof von Coventry. Das Kreuz war in einer offiziellen Zeremonie von der Königin selbst nach Dresden verabschiedet und vom Herzog von Kent übergeben worden. An den Arbeiten daran war auch der Sohn eines ehemaligen britischen Bomberpiloten beteiligt, der den Angriff auf Dresden mitgeflogen hatte. Prominente Förderer wirkten auch bei den äußerst erfolgreichen US-amerikanischen „Friends of Dresden" mit: der ehemalige Außenminister Henry A. Kissinger und David Rockefeller als Schirmherren sowie der Nobelpreisträger Professor Günter Blobel als Präsident,

der einen großen Teil seines Preisgeldes für die Frauenkirche abzweigte. Das alles sind hoffnungsvolle Zeichen der Versöhnung ehemaliger Kriegsgegner.

Ein recht großes Trümmerstück hat man an der Nordseite der Kirche – nahe dem Haupteingang – aufgestellt. Es handelt sich um einen Teil der Kuppel-Außenschale der zerstörten Kirche. Eine Inschrift und eine Kirchenansicht geben Auskunft über seine ursprüngliche Position.

Der Innenraum imponiert zunächst durch seine enormen Dimensionen: 18 Meter hoch die Pfeiler, fast 40 Meter bis zum höchsten Punkt der Innenkuppel, Raum für 1835 Menschen auf dem Kirchengestühl. Die Brüstungen der spielerisch geschwungenen Emporen erstrahlen ebenso wie die Pfeiler wieder in den zarten Rosé-, Blau-, Grün- und Gelbtönen wie 1743 zur Zeit des Barock. Besonders hier wird klar, warum die reinen Baukosten der überaus gelungenen Rekonstruktion stattliche 132 Millionen Euro verschlungen haben.

Für den Besucher Dresdens sollte die symbolträchtige Frauenkirche heute zunächst eine Insel der Besinnung mitten im Trubel einer lebendigen und viel besuchten Altstadt sein. Sie ist aber gleichzeitig auch ökumenische Begegnungsstätte, die Raum für Gottesdienste und Andachten bietet. Für vielfältige kulturelle und kirchenmusikalische Veranstaltungen bildet sie einen überwältigenden Rahmen. Bei schönem Wetter lohnt ein Aufstieg auf die 68 Meter hohe Aussichtsplattform auf der Kuppel des Gotteshauses. Dabei ist die erste Hälfte wenig Kraft raubend, wird der Höhenunterschied doch mit Hilfe des Fahrstuhls überwunden. Es folgen Stufen und der 160 Meter lange Wendelgang, der zwischen Innen- und Außenschale der Kuppel verläuft, ehe nach einigen weiteren Stufen die Plattform mit der Balustrade erreicht ist. Ein überwältigender Rundblick über Dresdens Altstadt und die Vororte diesseits und jenseits der Elbe ist der Lohn für die Mühen des Aufstiegs.

Blick über den Brühlschen Garten zur Frauenkirche. Rechts die Kuppel der Kunstakademie.

Die Frauenkirche am Neumarkt

(Gemälde von Bernardo Belotto, genannt ,,Canaletto" 1749).

Das ehemalige kurfürstliche Stallgebäude „Johanneum" mit dem imposanten Treppenaufgang wird heute als Verkehrsmuseum genutzt.

Der Fürstenzug ⑮

Die Westseite des Neumarkts bildet der Hauptbau des ehemaligen kurfürstlichen Stallgebäudes, das **Johanneum**. Seine Schaufassade wendet es dem Jüdenhof zu, wobei die doppelläufige, hübsche Freitreppe, Englische Treppe genannt, zur Zeit Augusts des Starken im Barockstil entstand, die seitlichen Rundbogenportale bereits im 16.

Jahrhundert. Das Obergeschoss mit den hohen Rundbogenfenstern schuf Baumeister Knöffel. Der nahe **„Türkenbrunnen"**, 1648 am Ende des 30-jährigen Krieges als Friedensbrunnen erbaut, wurde 1683 in Erinnerung an die Verdienste Kurfürst Johann Georgs III. bei der Befreiung Wiens aus der Belagerung durch die Türken umbenannt und mit der krönenden „Viktoria" versehen.

Verkehrsmuseum:
Di-So 10-17 Uhr, Tel. 03 51/8 64 40

Der Hauptbau diente ursprünglich als Stallgebäude, nach seinem Umbau bis 1856 als Gemäldegalerie, bevor die Galerie im Zwinger fertiggestellt war. Von dieser Zeit an heißt das Gebäude nach König

Malerisches Portal ▶
zum Stallhof.

▼ *Langer Gang (1586-91) und Johanneum, einst kurfürstlicher Marstall.*

Johann, der es als Historisches Museum und Rüstkammer ausstaffieren ließ. Seit dem Wiederaufbau 1958 ist hier das Verkehrsmuseum beheimatet, das die Geschichte der Verkehrsmittel zu Lande, zu Wasser und in der Luft dokumentiert. Neben einer umfangreichen Sammlung von Fahrrädern gelten die Dampflokomotive „Muldenthal" (1861), der älteste erhaltene Straßenbahn-Triebwagen Deutschlands, sowie das erste erfolgreiche Motorflugzeug der Welt (1909) als wahre Raritäten für Oldtimer-Fans.

Fürstenzug: Monumentalmosaik aus Meißner Porzellankacheln mit einer An seinem Ende der Turm des Georgentors und die katholische Hofkirche.

Die Rundbogen-Arkaden des **Langen Gangs** gehören zu den wenigen Teilen des ehemaligen Residenzschlosses, die bereits vor der politischen Wende restauriert wurden. Sie verbinden das Johanneum mit dem Georgenbau, dem Zentrum des Schlosskomplexes.

Der **Stallhof** entstand Ende des 16. Jahrhunderts und diente zur Unterbringung der Pferde. Die Bogenfelder über den toskanischen Säulen schmücken Jagdtrophäen und plastisch ausgearbeitete Wappen der sächsischen Besitzungen. Kratzputzornamente beleben die Wand-

Darstellung der Fürsten des Hauses Wettin.

flächen unter und über den rhythmisch angeordneten Fenstern des Obergeschosses. Der etwa 100 m lange Hofraum ist der älteste erhaltene Turnierplatz Europas. So gehörten die vier Bronzesäulen zur „Ringelstechbahn", die bei den Ritterspielen Verwendung fand. Vom Hof führte einst eine Rampe ins Obergeschoss des Ställgebäudes, um es zu Pferde erreichen zu können. Während der Zeit des weihnachtlichen „Striezelmarkts" lockt hier ein „mittelalterliches Spektakel" Tausende von Besuchern an. Links vom Ausgang in Richtung Schloss bildet eine Lücke in der Ruine einen reizvollen Durchblick auf die Schlossbauten mit dem restaurierten Graffiti-Putz. Ebenso sehenswert wie die Hoffront ist die Außenseite des Langen Gangs, die zusammen mit dem Ständehaus die schattige Häuserschlucht der engen Augustusstraße bildet, abgeschlossen von der hohen Fassade der Hofkirche. Auf einer Länge von 102 m hatte hier 1873-76 der Maler Wilhelm Walter die Herrscher des Fürstenhauses Wettin, den **Fürstenzug**, zunächst in Kratzputztechnik dargestellt. Nachdem früh Bauschäden sichtbar geworden waren, übertrug man das Monumentalgemälde 1906 auf 24.000 Meißner Porzellanfliesen. Dieses Werk überstand selbst die Bombennacht von 1945 unbeschadet und dokumentiert die tausendjährige Geschichte des Fürstenhauses Wettin ebenso wie die Kleidung und Waffen der einzelnen Epochen. 35 Markgrafen, Kurfürsten und Könige – hoch zu

Ross – sind dargestellt, meist zusammen mit den Daten ihrer Regierungszeit und ihren Beinamen. Da gab es den „Starken" und den „Reichen", den „Streitbaren" und den „Sanftmütigen", den „Gütigen" und den „Stolzen", den „Erlauchten" und gar den „Gebissenen". Zwischen und hinter ihnen ist das „Fußvolk" dargestellt: Herolde, Wachsoldaten und Bannerträger, Diener, Mohren und Blumenstreukinder sowie Auserwählte aus Wissenschaft und Kunst. Es fehlen eigentlich „nur" die weiblichen Familienmitglieder, die weder in der Erbfolge noch bei diesem Gemälde Berücksichtigung fanden.

Auf der Brühlschen Terrasse ⑯

Am Ende der Augustusstraße sind wir wieder am Ausgangspunkt unseres Rundganges durch die Altstadt, dem südlichen Brückenkopf der Augustusbrücke angekommen. Hier führt eine monumentale Treppe (1814) hinauf auf die Brühlsche Terrasse, flankiert von vier Bronzegruppen aus der Werkstatt Schillings, welche die Tageszeiten symbolisieren. Den Morgen, oben links, erkennen wir an dem Morgenstern am Haupt der weiblichen Figur und der Begrüßungsgebärde, den Mittag am Sonnenkranz. Der Abend, unten links, sieht die Familie bei gemeinsamem Singen und Musizieren, während in der Nacht die Mutter, mit Umhang, das schlafende Kind beschützt und ein Engel ihm Träume zuflüstert.

Am Ende der Treppe haben wir das Niveau des einstigen Walls erreicht, der die Stadt gegen die Elbe hin schützte. Ihn erwarb nach und nach der sächsische Premierminister unter August dem Starken, durch neue ersetzt wurden. Auch das einstige Brühlsche Palais war davon betroffen. Es musste dem Bau eines neuen Parlaments weichen, weil das alte Landtagsgebäude räumlich nicht mehr reichte.

Ein Muss für jeden Besucher Dresdens ist ein Spaziergang über die berühmte Brühlsche Terrasse. Links der Turm des einstigen Landtags, heute Oberlandesgericht, dahinter die Hofkirche, rechts das Rietscheldenkmal.

Graf Heinrich von Brühl, und ließ ihn nach Plänen des bekannten Barockbaumeisters Knöffel gestalten. Dadurch entstand jene unvergleichliche Terrasse zwischen Elbe und Stadt, die Goethe den „Balkon Europas" nannte. Allerdings standen zu seiner Zeit noch die prächtigen Bauten des Grafen, die Ende des 19. Jahrhunderts abgerissen und Den Auftrag dazu erhielt Paul Wallot. Seine ersten Pläne, das Brühlsche Palais zu erhalten und den Neubau mit einzubeziehen, konnte er aus verschiedenen Gründen nicht realisieren. Der Bau des Neuen **Ständehauses** als Vierflügelbau erfolgte von 1900-1907. Die kleine Turmfigur, die „Saxonia", stammt von Johannes Schilling.

1945 brannte das Landtagsgebäude aus und wurde nach einer Teilrestaurierung vom Landesamt für Denkmalpflege, dem Museum für Mineralogie und Geologie und der Deutschen Fotothek genutzt. Heute hat hier das Oberlandesgericht des Freistaates Sachsen sein Domizil. Das Gebäude selbst passt sich mit seinem hohen, zum Brückenkopf hin versetzten Dachreiter gut in die Elbsilhouette Dresdens ein und ordnet sich architektonisch geschickt dem Schlossbau und der Hofkirche unter.

Hell und freundlich wirkt dagegen der beige gehaltene Putzbau der **Sekundogenitur**, des Palais für den jeweils zweitgeborenen Sohn des Herrscherpaares. Für den neubarocken Bau musste 1897 die brühlsche Bibliothek weichen, die einst über 60.000 Bände umfasst hatte. Er diente nach dem Ende der Fürstenherrschaft als Galerie und seit dem Wiederaufbau 1964 als Gaststätte. Vor der gefälligen Schaufront hat Schilling 1875 seinen großen Lehrmeister Ernst Rietschel in einem Denkmal verewigt. An dieser Stelle befand sich einst der brühlsche Gartenpavillon, der Rietschel als Atelier für die Herstellung seiner zahlreichen Kunstwerke gedient hatte. Gleich daneben befindet sich ein moderner Bronzeguss, der die Weltkugel symbolisiert. Die dazugehörige Inschrift im Boden der Terrasse nimmt Bezug auf einen Erlass Augusts des Starken von 1721, dass die sieben Bastionen der königlichen und kurfürstlichen Residenzstadt nach den Planeten benannt werden sollten, wobei Sonne (Sol) und Mond (Luna) nach damaligem Verständnis dazu zählten. Unterhalb der Terrasse herrscht in der Münzgasse bereits vormittags reges Treiben, denn hier hat sich die Kneipenmeile der Altstadt eingerichtet. Auf dem Wall aber folgt die königliche

Schaufassade der Kunstakademie gegen die Brühlsche Terrasse.

Abendstimmung auf der Brühlschen Terrasse. Im Vordergrund die neugotische Fassade der Sekundogenitur, hinten die Kunstakademie mit ihrer markanten Kuppel.

Kunstakademie mit ihrem Ausstellungshaus, reich mit Figurenschmuck und einem prächtigen Portikus versehen, dessen Giebelfeld-Reliefs wiederum von Schilling stammen. Ein mehrstöckiger gemauerter Schacht an der Elbseite der Terrasse lässt uns einen Blick in die einst wehrhaften Kasematten der Stadt werfen. An dieser Stelle ermöglichte ein „Mundloch" den Verkehr mit Lastkähnen zwischen dem Strom, der damals die Festungsmauer umspülte, und der Verteidigungsanlage (1545-53). Vier Kanonen und weiteres schweres Schießzeug waren zur Verteidigung des Mundlochs abgestellt.

Wo die doppelläufige Treppe vom Georg-Treu-Platz einmündet, stoßen wir auf das Semper-Denkmal, ein weiteres Werk Schillings. Es zeigt den Architekten mit einem Bauplan seines ersten Schauspielhauses in Dresden. Hier sind wir erneut am Albertinum angelangt, dessen Front schräg nach hinten rückt und aus der schmalen Terrasse den dreieckförmigen Brühlschen Garten werden lässt, unter dem sich die **„Jungfernbastei"** der mittelalterlichen Befestigung verbarg. Darüber stand bis 1747 das berühmte Lusthaus, in dessen Kellern der Alchimist Böttger zusammen mit von Tschirnhaus sein Laboratorium betrieb. Hier gelang den beiden die sensationelle Entdeckung des europäischen Porzellans. Von den Baulichkeiten des Barock sind jedoch lediglich der Delphinbrunnen (1748) sowie zwei Sphinx-Gruppen auf hohen Postamenten erhalten.

Am stadtseitigen Sporn des Gartens ordnet sich ein heller, bürgerlich wirkender barocker Putzbau geschickt in die Anlage ein, die ehemalige Hofgärtnerei (1752). Unter dem roten Dach mit den Fledermausgauben hält heute die Reformierte Gemeinde Dresdens ihren Gottesdienst, ein anderer Teil des Gebäudes dient ihr als Altenheim. Auf der Rückseite erinnert eine Gedenksäule an die Opfer des Faschismus im Dritten Reich und die Synagoge von 1838, die 1938 in der „Kristallnacht" zerstört wurde. Inzwischen hat die jüdische Gemeinde gegenüber ihre neue **Synagoge** ⑰ erbaut, dort wo einst die „Sempersynagoge" stand. Nach dem Vorbild der ersten Tempel der Israeliten entstand sie in der Form eines fensterlosen Kubus, den Gebetsraum nach Osten gerichtet, was durch die Dre-

hung der Steinlagen im Aufbau betont wird. Symbolhaft erinnern Tonnen von Glasscherben und Betonformsteine an die letzte Leidenszeit der Juden in Deutschland. Begeben wir uns von hier – am Fuß der Mauer entlang – zum elbseitigen Basteisporn, so entdecken wir in einer Mauernische das epitaphartige **Moritzmonument** ⑱ , das älteste Denkmal Dresdens. Herzog Moritz hatte 1547 die Kurwürde für sein protestantisches Land erreicht. Bei der siegreichen Schlacht bei Sievershausen am 9.7.1553 gegen Markgraf Albrecht Alcibiades von Brandenburg wurde der 32-jährige Kurfürst tödlich verwundet. Das Denkmal zeigt den Sterbenden, der seinem Bruder August das Kurschwert überreicht, ihnen zur Seite die beiden Gemahlinnen. Die säulenumrahmte Szene gestaltete der berühmte Renaissance-Bildhauer Hans Walther II.

Während wir uns über die Brühlsche Terrasse auf den Rückweg zum Schlossplatz begeben, werfen wir einen Blick auf das nördliche Elbufer mit den mächtigen Gebäuden des früheren sächsischen Gesamtministeriums (heute Staatskanzlei), rechts, und des Finanzministeriums, links. Beide entstanden um 1900 als Vierflügelbauten im Stil des Neobarock.

Monument für
Herzog Moritz,
der 1547 die Kurwürde
für Sachsen erlangte.

Morgensonne über der Elbe: Blick von den Stufen der Brühlschen Terrasse über das Regierungsviertel.

Am Altstadtufer liegen die Schiffe der „Sächsischen Dampfschifffahrts-Gesellschaft", von denen die Hälfte tatsächlich mit Dampf angetrieben wird. Liebling der Dresdner ist die „Diesbar", erbaut 1883 und noch mit Kohle befeuert. Ihre Schaufelräder werden von der weltweit ältesten im Dienst befindlichen Dampfmaschine von 1857 angetrieben. Seit 1980 ist sie als technisches Denkmal eingestuft.

Ein Rundgang durch die Neustadt

Die zentrale Augustusbrücke führt auf das Gebiet des ehemaligen „Altendresden", das 1685 vollständig niederbrannte und seit dem Wiederaufbau Neustadt heißt. Zu jener Zeit arbeitete der Ingenieuroffizier von Klengel als Oberlandbaumeister im Dienst der sächsischen Kurfürsten. Ihn hatte der Großvater Augusts des Starken, Kurfürst Johann Georg II., 1656 an den Hof geholt, um den Um- und Anbau des Residenzschlosses zu leiten, ebenso aber auch zur Ausbildung künftiger Baukünstler und der jungen Prinzen. Bei ihm erhielten der später berühmte Matthäus Pöppelmann und der junge August, den man später den „Starken" nannte, eine fundierte Architekturausbildung. In dieser gemeinsamen Schulung sehen Fachleute das Geheimnis der hohen Qualität des Dresdner Barocks. Die durch von

Klengel und Pöppelmann erlassenen Bauordnungen mit dem Zwang, Baufluchten und bestimmte Geschosshöhen einzuhalten, garantierten die vielbewunderte Geschlossenheit des Stadtbildes, wie sie vor allem in der Inneren Neustadt zu sehen ist. August der Starke erteilte nach seiner Berufung zum polnischen König 1696 Pöppelmann den Auftrag, aus Dresden eine Weltstadt zu machen und brachte dazu eigene Ideen ein, auch wenn er mit vielen der hochtrabenden Pläne letztlich an den finanziellen Grenzen seines Landes scheiterte.

Am nördlichen Brückenkopf ließ August das klotzige **Blockhaus** er-richten. Es nahm den Platz des alten Zeughauses ein. Nach Augusts Vorstellungen sollte das Blockhaus mit seinem **goldenen Reiterstandbild** ⑲ bekrönt werden. Heute grüßt dieses ganz in der Nähe von seinem hohen Sockel am Neustädter Markt. Es zeigt den berühmten Herrscher in römischer Rüstung und ist eines der Wahrzeichen der Stadt. Hier beginnt die Hauptstraße Dresdens, von deren Barockhäusern allerdings wenig erhalten blieb. Dennoch ist sie mit der Platanenallee und den barocken Figuren in der parkähnlichen Anlage ohne Zweifel eine der schönsten Straßen der Stadt. Eini-

Der Goldene Reiter (1736): August der Starke, Kurfürst von Sachsen und König von Polen, hoch zu Ross.

Museum zur Dresdner Frühromantik:
Kügelgenhaus Mi-So 10-18 Uhr, Tel. 03 51/8 04 47 60

![Die hübschen Barockfassaden in der Hauptstraße der Neustadt blieben vom Bombenhagel des 2. Weltkriegs verschont.]

Die hübschen Barockfassaden in der Hauptstraße der Neustadt blieben vom Bombenhagel des 2. Weltkriegs verschont.

ge Barockbauten im hinteren Teil blieben glücklicherweise von den Bomben verschont, wie das Haus Nr. 13, das **Kügelgenhaus**. Seinen Namen erhielt es nach dem Maler Gerhard von Kügelgen, der ab 1808 hier wohnte. Sein Domizil wurde Treffpunkt der damaligen Künstlerszene. Prominenteste Besucher waren damals Caspar David Friedrich, Carus, Goethe, Körner und Kleist. Hier befindet sich heute das Museum zur Dresdner Frühromantik, ausgestattet mit Mobiliar und Erinnerungsstücken aus jener Zeit.

Nicht weit vom Kügelgenhaus steht die **Dreikönigskirche** ⑳, die sich nach dem Willen Augusts des Starken in die Bauflucht einfügen musste. Ihren Vorgängerbau, gerade

Die Dreikönigskirche – Barockkirche zwischen Haupt- und Königstraße gelegen.

erst nach dem Stadtbrand von 1685 wieder aufgebaut, ließ der König abreißen und 1732 mit dem Neubau auf rechteckigem Grundriss beginnen. Sehenswert sind der 7 m hohe Sandsteinaltar und der 12 m lange Sandsteinfries, der „Dresdner Totentanz". Die eindrucksvolle Plastik entstand 1535 durch den einheimischen Renaissance-Bildhauer Christoph Walther I. und war ursprünglich im Georgenbau des Residenzschlosses untergebracht.

Brunnen „Stürmische Wogen" am Albertplatz.

Die Hauptstraße mündet in den **Albertplatz** ㉑ . Hier, im Zentrum der Neustadt, ziehen zwei monumentale Schalenbrunnen, **„Stilles Wasser"** und **„Stürmische Wogen"**, die Blicke auf sich. Sie stammen aus dem Atelier von Robert Diez und sind erst seit Januar 1994 wieder gemeinsam zu bewundern. Ganz in der Nähe befindet sich ein weiterer interessanter Brunnen. Es handelt sich um den Artesischen Brunnen, dessen zierliches Brunnenhaus durch Stadtbaurat Hans Erlwein 1911 geschaffen wurde. Viele Dresdener laben sich hier am gesunden Quellwasser.

Das antik anmutende Brunnenhaus am Albertplatz gehört zum Artesischen Brunnen, dessen Quelle noch heute sprudelt.

In Verlängerung der Hauptstraße jenseits des Albertplatzes biegen wir in die Alaunstraße ein, die uns in die äußere Neustadt führt. Es handelt sich hier um das größte erhaltene Gründerzeitviertel Europas mit vielfältigen Fassaden, mit kleinen Galerien, Bühnen und Läden. Exzentrische Cafés und Hunderte von Szenekneipen, oft mit urigen Hinterhöfen und Freisitzen ausgestattet, locken allabendlich Scharen junger und junggebliebener Leute in dieses Stadtviertel. Ein besonderer Anziehungspunkt für Besucher ist die **„Kunsthofpassage"** ㉒ , die in der Alaunstr. 70 beginnt und zur Görlitzer Straße (Nr.21-25) führt.

Sie beginnt mit dem „Hof der Fabelwesen", gefertigt aus Fliesenscherben, führt weiter über den „Hof des Lichts" (überdimensionale Spiegel), zum „Hof der Elemente" (schwungvolle Bleche auf sonnengelber Fassade, kunstvoll verlegte Regenrinnen auf wasserblauer Fassade gegenüber), zum rätselhaften „Hof der Metamorphosen", sowie schließlich zum „Hof der Tiere", deren Darstellungen sich zwischen baumhausähnlichen Balkonen tummeln.

Wir verlassen den Ort der Kunst zur Görlitzer Straße, der wir nach rechts folgen, ehe wir links in die Louisenstraße und später rechts in die

Viele der zahlreichen „In-Kneipen" des Gründerzeitviertels in der äußeren Neustadt bieten ihren Gästen im Sommer stimmungsvolle Freisitze.

*Reizvolle Komposition mit Regenrinnen an einer der Fassaden
in der Kunsthofpassage.*

„Pfunds Molkerei" : Einmalige farbige Fliesen, teils zur Geschichte Bautzner Straße zum Schönsten der Welt.

der Milchverarbeitung, machen den historischen Milchladen in der

Martin-Luther-Straße einbiegen. Sie führt uns zum gleichnamigen Platz samt der Kirche. An ihrer Rückseite, leicht nach links versetzt, finden wir den stimmungsvollen Alten Jüdischen Friedhof, wo in den Jahren zwischen 1751 und 1869 mehr als tausend jüdische Gemeindeglieder ihre letzte Ruhe fanden. Erneut an der Ostseite der Kirche vorbei, erreichen wir die breite Bautzner Straße, in die wir nach links einbiegen. Im Haus Nr. 79 begegnet uns ein besonderes Kleinod der zahlreichen Dresdner Sehenswürdigkeiten: **Pfunds Milchladen** ㉓, eingerichtet 1891. Seit 1997 darf er sich – nach einer Beurteilung durch das „Guinness Buch der Rekorde" – „schönster

Milchladen der Welt" nennen, ausgestattet mit beinahe 250 qm handbemalter Fliesen. Das (noch) freie Grundstück an der nächsten Straßeneinmündung ist für ein besonderes Projekt reserviert, das in den nächsten Jahren – hoffentlich – in Angriff genommen werden soll: ein Hotel nach einem Entwurf des exzentrischen Künstlers Friedensreich Hundertwasser (ursprünglich Stowasser, 1928-2000). Auffällig sind die individuell in Form und Farbe gestalteten Fenster und die phantasievoll begrünten Balkone und Terrassen. Mit der Verwirklichung dieses Projekts erhält Dresden einen weiteren Mosaikstein auf dem Weg zu einer der bedeutendsten Kunststädte der Welt.

Modell des geplanten „Hundertwasser-Hauses", das als pompöses Hotel konzipiert ist.

Die Königstraße – Dresdens Prachtstraße.

Die Bautzner Straße führt uns – in westlicher Richtung – auf direktem Weg zurück zum Albertplatz im Zentrum der Neustadt. An dessen Westseite, im Haus Antonstr. 1, hat ein Förderverein ein Museum für den Dresdner Schriftsteller Erich Kästner (1899-1974), den Schöpfer berühmter Jugendbücher wie „Das doppelte Lottchen" und „Emil und die Detektive", eingerichtet. Mit neuester Medientechnologie gelingt es hier eindrucksvoll, den Besucher jeden Alters die Welt des Künstlers spielerisch und selbsttätig erfahren zu lassen.

Auf dem Weg zurück zur Elbe zeigt uns das Schillerdenkmal den Eingang zur **Königstraße.**

Die schmuck renovierten Bürgerhäuser laden ein zum Schaufensterbummel und dem Besuch eines der vielen Lokale. Besonders die zahlreichen stimmungsvollen Hinterhöfe, zu Anfang mehr auf der rechten Straßenseite, sind ein steter Anreiz für Besucher, die ein besonderes Flair bevorzugen. Selbst in der kühleren Jahreszeit lohnt ein Erkundungsgang hinter die Fassaden der Straßenfront. Am Ende der Königstraße stoßen wir auf den Palaisplatz und finden rechts den klassizistischen Säulenbau des **Akzisehauses.** Es ist eines der beiden gleichartigen Gebäude, die Baumeister Thormeyer 1827-29 hier am Platz errichtete. Der Name deutet darauf hin, dass hier einst Binnenzoll erhoben wurde.

Schräg gegenüber lagert breit das **Japanische Palais** ㉔ , erbaut 1715-1717 in asiatisch anmuten-

dem Stil mit den typisch gestaffelten Dächern an den Eckpavillons. Noch deutlicher wird der Bezug beim Betrachten des Giebelreliefs, in dem Chinesen und Sachsen der thronenden Saxonia Porzellangefäße überreichen, oder erst recht bei den Hermen im Innenhof, die eindeutig chinesische Züge tragen. Das Gebäude gelangte bereits 1717 in den Besitz Augusts des Starken, der es zu einem Porzellanschloss machen wollte. Die Innenräume sollten gänzlich in chinesischem

Das Japanische Palais sollte nach dem Willen Augusts des Starken dessen Sammlung von ostasiatischem und Meißner Porzellan aufnehmen.

und Meißner Porzellan gestaltet werden, selbst die Dacheindeckung sollte in Porzellan geschehen. Mit dem Tod Augusts endete die Planung. Das renovierungsbedürftige Gebäude dient heute den Museen für Völkerkunde und für Vorgeschichte für Wechselausstellungen mit unterschiedlichen Themen.

Rechts vom Gebäude erinnert ein Denkmal an Friedrich August, den ersten König von Sachsen, wenn auch von Napoleons Gnaden. Auf dem harmonisch gegliederten Sockel, nach einem Entwurf Sempers,

Staatl. Museum für Völkerkunde,
Staatl. Naturhistorisches Museum: *täglich 10-18 Uhr*
Landesmuseum für Vorgeschichte:
Di-So, 10-18 Uhr, Tel. 03 51/81 44 50

erblicken wir den nachdenklichen Fürsten, wie ihn Rietschel 1843 dargestellt hat. Hinter dem Denkmal erstreckt sich ein gepflegter Park mit recht alten Bäumen und einem Aussichtshügel bis hinunter an die Elbpromenade. Von hier hat man einen reizvollen Ausblick auf

Alte Kanzlei: Sie wurde berühmt durch den italienischen Künstler Canaletto, der von hier im 18. Jahrhundert die Elbsilhouette Dresdens malte.

das Altstadtufer mit der moscheeartigen ehemaligen Zigarettenfabrik als rechte Begrenzung. Entweder an der Elbpromenade entlang oder zurück über die Alte Meißner Straße gelangen wir wieder zur Augustusbrücke. Zuvor jedoch passieren wir die moderne Fassade eines Luxushotels, in dessen Zentrum ein hübscher Barockbau integriert ist, die **Alte Kanzlei** (um 1700). Hier waren im 18. Jahrhundert Behörden untergebracht, später Büroräume. Als einziges der zahlreichen Barockhäuser an dieser Straße überstand es das Bombardement von 1945. Von der Elbseite der Alten Kanzlei malte der Künstler Canaletto Mitte des 18. Jahrhunderts die Silhouette der Stadt, die als Symbol für die Schönheit des „Elbflorenz" in aller Welt gerühmt wurde.

Jenseits des Neustädter Markts mit dem Goldenen Reiter steht an der Nordseite der Köpckestraße, gegenüber dem bereits erwähnten Finanzministerium, noch ein bemerkenswertes Gebäude, der **Jägerhof** 25 . Mit seinem ursprünglichen Renaissancegiebel und den drei Treppentürmchen blieb er als ältester Bau der Neustadt erhalten. Nachdem er unter August dem Starken als Menagerie für exotische Tiere und im 19. Jahrhundert als Kavalleriekaserne gedient und zwi-

Museum für Sächsische Volkskunst:
Di-So 10-18 Uhr, Tel. 03 51/8 03 08 17
Puppentheatersammlung:
Garnisonskirche Di-Fr 10-17 Uhr, letzter So im Monat,
Tel. 03 51/2 72 12 54
Militärhistorisches Museum: Di-So 9-17 Uhr, Tel. 03 51/82 30

Museum für Volkskunst im Jägerhof: Dieser älteste Bau der Neustadt diente unter August dem Starken als Menagerie für exotische Tiere.

schenzeitlich einige Gebäudeteile durch Abriss verloren hatte, zog 1913 das **Museum für Volkskunst** hier ein, das erste dieser Art in Deutschland. Insgesamt 27.000 Exponate aus der Kultur der Bauern, Handwerker, Gewerbetreibenden und Bergleute sind ausgestellt: Trachten, bemalte Möbel, Steinzeug, Erzeugnisse der Bandweberei, Spielzeug und vieles mehr. Besondere Beachtung finden die Erzeugnisse des Erzgebirges speziell für die Weihnachtszeit, die Bergmannsleuchter und Lichterengel, die Pyramiden und Krippen.

Etwa 3 Kilometer nördlich der Augustusbrücke finden wir am Olbrichtplatz das Militärhistorische Museum im ehemaligen Arsenalhauptgebäude, in dem zu Beginn des 1. Weltkrieges Waffen und Ausrüstungsgegenstände des sächsischen Heeres lagerten. Heute kann man in den Ausstellungshallen und im Freigelände mehr als 6000 Exponate zur Militärgeschichte in Ruhe betrachten, vom Feldharnisch der Renaissance bis hin zum modernen Kampfpanzer.

Etwa 5 km nördlich entstand 1906 am Rand der Dresdener Heide der Vorort Hellerau als erste deutsche Gartenstadt. Die dort gegründeten Deutschen Werkstätten sind inzwischen saniert und modern erweitert. Das Festspielhaus des Architekten Tessenow ist wieder Anziehungspunkt für Künstler der Avantgarde aus aller Welt.

Die Yenidze ㉖
*ehemalige
Zigaretten-
fabrik in Form
einer Moschee
mit farbiger
Glaskuppel.*

Dresden rund um die Altstadt

Die ehemalige Zigarettenfabrik „Yenidze" im Westen markiert die Grenze zwischen der Altstadt und der Friedrichstadt. In einer Gruft der schlichten Matthäuskirche ruht der Architekt des Zwingers, Pöppelmann. Nicht weit davon liegt auf der Friedrichstraße das **Palais Brühl**, auch **Marcolini-Palais** genannt. Der älteste Bau wurde 1728 für eine der Geliebten Augusts des Starken, die Fürstin von Teschen, erbaut. 1736 gelangte er an Heinrich Graf von Brühl, den Namensgeber der berühmten Elbterrasse, der ihn als Landsitz erwarb und erheblich erweitern ließ. Hinter dem Palais entstand eine großzügige französische Gartenanlage mit dem imposanten Neptunbrunnen, der bis heute erhalten ist und als prächtigste barocke Brunnenanlage Dresdens gilt. Im Zentrum der 40 m breiten Komposition stehen die steinernen Kolossalfiguren von Poseidon und seiner Gemahlin Amphitrite. Unter Graf C. Marcolini, ab 1774 Leiter der Meißner Porzellanmanufaktur und später auch Generaldirektor der Kunstakademie, wurde der Komplex vergrößert. Noch zu seinen Lebzeiten trafen sich hier 1813 Napoleon und Österreichs Außenminister Graf Metternich zu einer Unterredung. Zwischen 1847 und 1849 bewohnte Richard Wagner einen Teil des Palais und schrieb hier an seinem „Lohengrin". Andere Prominente sind auf dem **Inneren katholischen Friedhof** ㉗ des Stadtteils begraben: der Opernkomponist Carl Maria von Weber, der Bildhauer Permoser, der Maler von Kügelgen, der Dichter von Schlegel und ein Sohn Augusts des Starken mit der Fürstin von Teschen, der Chevalier de Saxe.

Die nächste Elbbrücke westlich der Friedrichstadt führt uns zum Stadtteil Übigau, in dem wir eines der Elbschlösser Augusts des Starken vorfinden, das **Schloss Übigau**. Mit einer breiten Treppenanlage öffnet sich das Barockpalais zum Fluss. so dass es der Herrscher mit der von ihm bevorzugten Gondel erreichen konnte. Um 1725 erbaut, war es in den folgenden Jahrzehnten oft Stätte von Festlichkeiten und Feuerwerken des kurfürstlichen Hofes.

Etwa 1 km südlich des Hauptbahnhofs breiten sich die Gebäude der Technischen Universität aus. Der mächtige Bau des ehemaligen Landgerichts gehört heute dazu. Sein kreuzförmiger Ostflügel diente während des Zweiten Weltkriegs und der ersten Nachkriegsjahre als Gefängnis mit rund 700 Zellen.

Mahn- und Gedenkstätte Münchner Platz:
Mo-Fr 10-16 Uhr, 1. So im Monat 10-18 Uhr, Tel. 03 51/46 33 19 90

Das Palais Brühl, auch Marcolini-Palais genannt, 1728 für eine der zahlreichen Geliebten Augusts des Starken erbaut.

Etwa 2000 politische Gegner der Nationalsozialisten wurden hier durch das Fallbeil hingerichtet, nach Kriegsende aber auch ehemalige NS-Funktionäre. Die Todeszellen sind in ihrem damaligen Zustand erhalten und gehören heute ebenso zur **Mahn- und Gedenkstätte** wie eine Gedenktafel am Richtplatz und eine Bronzeplastik „Widerstandskämpfer" von A. Wittig.

▲ *Kapelle auf dem Inneren Katholischen Friedhof im Stadtteil Friedrichstadt.*

Grabstein des berühmten ▶ Opernkomponisten Carl Maria von Weber.

CARL MARIA
VON
WEBER

★18. Dec. 1786 ✝5. Juni 1826

Alexander H. V. M. v. Weber
★6. Jan. 1825 ✝31. Okt. 1844
Ant. Carolina v. Weber
★19. Nov. 1796 ✝23. Febr. 1852
Cath. Huberta v. Weber
★7. Sept. 1822 ✝30. Jan. 1874
Max Maria v. Weber
★25. April 1822 ✝15. April 1881

Zu den zahlreichen Grünanlagen in der Peripherie der Altstadt gehört auch der Blüherpark, wenige hundert Meter nordöstlich vom Hauptbahnhof. Hier befindet sich das **Deutsche Hygienemuseum** ㉘ in einem renovierten Zweckbau der Zwanzigerjahre. Es handelt sich um eine einzigartige Ausstellung zur Physiologie des Menschen und ist Kooperationszentrum der Weltgesundheitsorganisation WHO. Anatomische Modelle von Mensch und Tier, so „gläserne" Frauen und Männer, so wie thematische Ausstellungen widmen sich den modernen Biowissenschaften.

Südlich an den Blüherpark schließt sich die Bürgerwiese mit ihren zahlreichen Skulpturen an, östlich das Stadion des traditionsreichen Fußballclubs Dynamo und ein Freibad. Dahinter, jenseits der Lennéstraße, erstreckt sich Dresdens größte und beliebteste Parkanlage, der **„Große Garten".** An seiner Nordwestecke (Straßburger Platz) kann der interessierte Besucher die neu errichtete **VW-Manufaktur** als „Gläserne Fabrik" besichtigen, aber auch von hier aus mit der Parkeisenbahn in aller Gemütlichkeit das weiträumige Gelände erkunden.

Angelegt 1676 als kurfürstliche Fasanerie, wurde der Park 1683 zu einem Barockgarten. In der zweiten Hälfte des 19. Jahrhunderts wandelte man ihn teilweise in einen Landschaftspark um, ein zoologischer und ein botanischer Garten wurden eingerichtet. Unter den zahlreichen Statuen im Park sind Grup-

Mosaikbrunnen von Hans Poelzig im Großen Garten.

Marmorgruppe vor dem Gartenpalais: „Die Zeit entführt die Schönheit" (Pietro Balestra)

Der Große Garten ist Dresdens beliebteste Parkanlage. In seinem Zentrum steht das ehemalige Sommerschloss des Kurprinzen von Sachsen.

pen jeweils an den Enden der Hauptallee sowie die überlebensgroßen Sandsteinplastiken an den Enden der parallel verlaufenden Herkulesallee bemerkenswert. Permoser schuf diese Kunstwerke um 1695 nach Motiven aus der Herkulessage.

Das Palais im Zentrum des Großen Gartens entstand um 1680 als Sommerschloss für den Kurprinzen, den späteren Kurfürsten Johann Georg III. und Vater Augusts

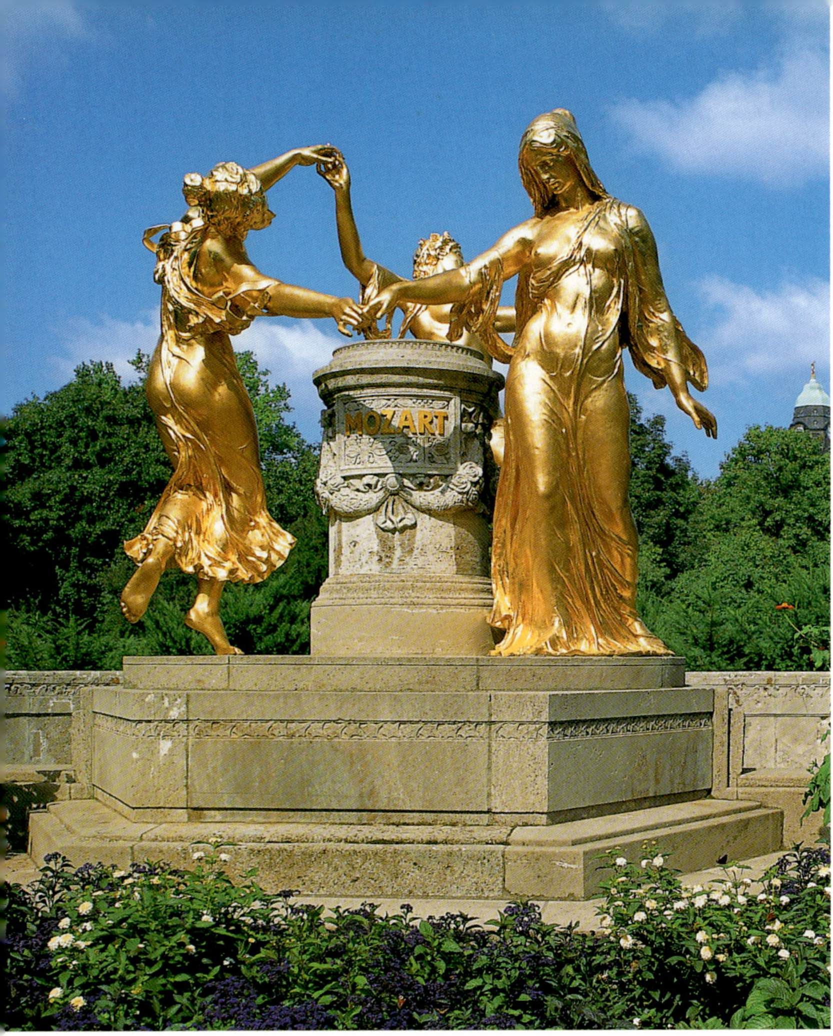

Mozartbrunnen (Hermann Hosaeus) auf der Bürgerwiese.

des Starken. Es war Dresdens erster Barockbau, reich geschmückt mit Ornamenten, Büsten, Ganzfiguren und Wappenkartuschen. Nach der Restaurierung wird das Palais in seinem einstigen Glanz zu bewundern sein. Das Areal mit Palais und Wasserbassin wird durch die fünf noch erhaltenen Pavillonbauten begrenzt.

Deutsches Hygienemuseum:
Di-So 10-18 Uhr, Tel. 0351/484 60

Leonhardi-Museum: ehemaliges Wohnhaus und Atelier des Malers Eduard

Leonhardi, heute mit Werken Leonhardis und Wechselausstellungen.

Blaues Wunder und Weißer Hirsch

Seit 1893 verbindet eine Brücke die Orte Blasewitz und Loschwitz, die etwa 6 km östlich des Stadtkerns an der Elbe liegen und heute zu Dresden gehören. Claus Köpcke schuf die eiserne Konstruktion, die pfeilerlos die Elbe in einer Weite von 150 m überspannt und zur Bauzeit als technisches Wunderwerk galt. Da die Eisenteile zudem blau angestrichen waren, erhielt so die Brücke ihren Namen „Blaues Wunder" und wurde neben dem Kronentor sowie dem Goldenen Reiter zu einem der Wahrzeichen der Stadt. Blasewitz war ab Mitte des 19. Jahrhunderts Villenvorort der Großstadt und besitzt mit dem „Jagdhaus", bereits 1683 als kurfürstliche Schänke erwähnt, eines der ältesten Häuser der Gegend. Im 19. Jahrhundert vernichtete die Reblaus die Weinstöcke des gegenüberliegenden Loschwitz, und die Winzer verkauften ihre Weinberge an zahlungskräftige Dresdner. Nun blieben einerseits die älteren Villen in Blasewitz unverändert erhalten, andererseits entstanden in Loschwitz mit Blick über Elbe und Stadt prächtige Villen und Schlößchen wie die Villa Stockhausen und die Schlösser Albrechtsberg und Eckberg im romantischen Burgenstil. In einem Gartenhäuschen im Weinberg Gottfried Körners arbeitete Schiller 1785-87 an seinem Drama „Don Carlos". Eines der Zimmer ist im Stil jener Jahre eingerichtet. Eine Standseilbahn führt hinauf zum ehemaligen Kurort **„Weißer Hirsch"**, etwa 100 m oberhalb von Loschwitz gelegen. Heute ist dieser Stadtteil am Rand der Dresdner Heide bevorzugter Wohnsitz von Dresdens wohlhabenden Bürgern. Von hier oben wie ebenso von der gegenüberliegenden Loschwitzhöhe hat man eine sehr schöne Aussicht über diesen Teil des Elbtals. Die Loschwitzhöhe erreicht man am bequemsten mit der Schwebebahn, übrigens der ältesten der Welt.

Die „Diesbar", einer der ältesten Schaufelraddampfer Deutschlands, vor der Brücke „Blaues Wunder".

▲ *Blaues Wunder*

Standseilbahn zum ▶
Weißen Hirsch

▼ *Schwebeseilbahn*
vom Körnerplatz zur
Loschwitzhöhe

Schloss Pillnitz

Rund 7 km elbaufwärts sind es von Loschwitz zum kurfürstlichen Lustschloss Pillnitz. Kurz davor passieren wir den Stadtteil Hosterwitz, wo sammengetragen. Dort finden des öfteren literarische und musikalische Veranstaltungen, z.B. Kammerkonzerte, statt.

In Höhe des Schlosses Pillnitz, Ausflugsziel für die Dresdner und die

Carl-Maria-von-Weber-Gedenkstätte in Hosterwitz.
Das ehemalige Weinbauernhaus diente dem Komponisten von
1818-1824 als Sommersitz. Es entstanden dort unter anderem
große Teile der Oper „Freischütz".

Carl Maria von Weber u.a. am „Freischütz" arbeitete. Das Sommerhaus des ehemaligen Musikdirektors, ein typisches sächsisches Winzerhäuschen, ist im Biedermeierstil der Zeit um 1820 eingerichtet. In der Gedenkstätte sind zahlreiche Erinnerungsstücke an den bedeutenden Komponisten zu- Besucher der Stadt zu allen Jahreszeiten, liegt eine langgestreckte Insel in der Elbe, die wegen ihrer seltenen Flora und Fauna unter Naturschutz steht. Gegenüber besaß die Adelsfamilie von Bünau ein kleines Schloss, das 1694 an den Landesherrn gelangte. 1707 überließ August der Starke seiner

Information

Carl-Maria-von-Weber-Gedenkstätte:
Dresdner Straße 44, Mi-So 13-18 Uhr,
Tel. 03 51/2 61 82 34

Blick über die Elbe auf Hosterwitz und die romantische Schifferkirche „Maria am Wasser".

Mätresse, der Gräfin von Cosel, die Herrschaft über Pillnitz. Nachdem sie 1717 in Ungnade gefallen war, befahl August den Ausbau zu einem „orientalischen Lustschloss für Park- und Wasserfeste". Die Baumeister Longuelune und Pöppelmann ließen zunächst, bis 1723, das Wasserpalais mit seinen harmonisch geschwungenen Treppen zur Elbe errichten. Hier zwischen den beiden Sphinxen konnten die kurfürstlichen Gondeln anlegen. Die Dächer und die Ausmalung der Hohlkehlen zeigen deutlich den chinesischen Einfluss, der damals in Mode war. Dem Wasser-

Schlossanlage und Park in Pillnitz.

palais spiegelbildlich gegenüber entstanden 1722-24 das Bergpalais, Ende des 18. Jahrhunderts die Flügelbauten, um 1824 schließlich, nachdem das Schlösschen der Gräfin Cosel abgebrannt war, an seiner Stelle der klassizistische Verbindungsbau.

Hier in Pillnitz vereinigen sich nicht nur die Stilarten Barock und Renaissance zu einem harmonischen Ganzen, die gesamte Architektur bildet eine perfekte Einheit mit der Natur. Den glanzvollen Mittelpunkt des inneren Gartens bildet der barocke Teich mit der riesigen Fontäne, umgeben von gepflegten Gartenanlagen. Diese gehen über in den beschnittenen Heckengarten, der sich in der über 500 m langen, 40 m breiten Kastanienallee fort-

setzt. Hier pflegten die Höflinge das beliebte Maille-Spiel, einen Vorläufer des Golfspiels. Star der Baumriesen im Englischen Garten ist die mächtige Platane am Seeufer, die es auf über sechs Meter Stammumfang bringt.

In der Publikumsgunst wird sie – vor allem zur Blütezeit im Frühjahr – noch weit übertroffen von der ältesten Kamelie Europas, die 1770 aus Japan angeliefert wurde. Sie ist heute acht Meter hoch und neun Meter im Durchmesser und besitzt seit 1992 ein eigenes modernes Gewächshaus aus Eisen und Glas.

Das prächtige Lustschloss ist inzwischen auch im Inneren restauriert und beherbergt ein Museum für Kunsthandwerk mit Gegenstän-

Schloss Pillnitz: Brunnenanlage im Barockgarten vor dem Bergpalais.
Das Lustschloß ließ August der Starke in „orientalischem Stil" gestalten.

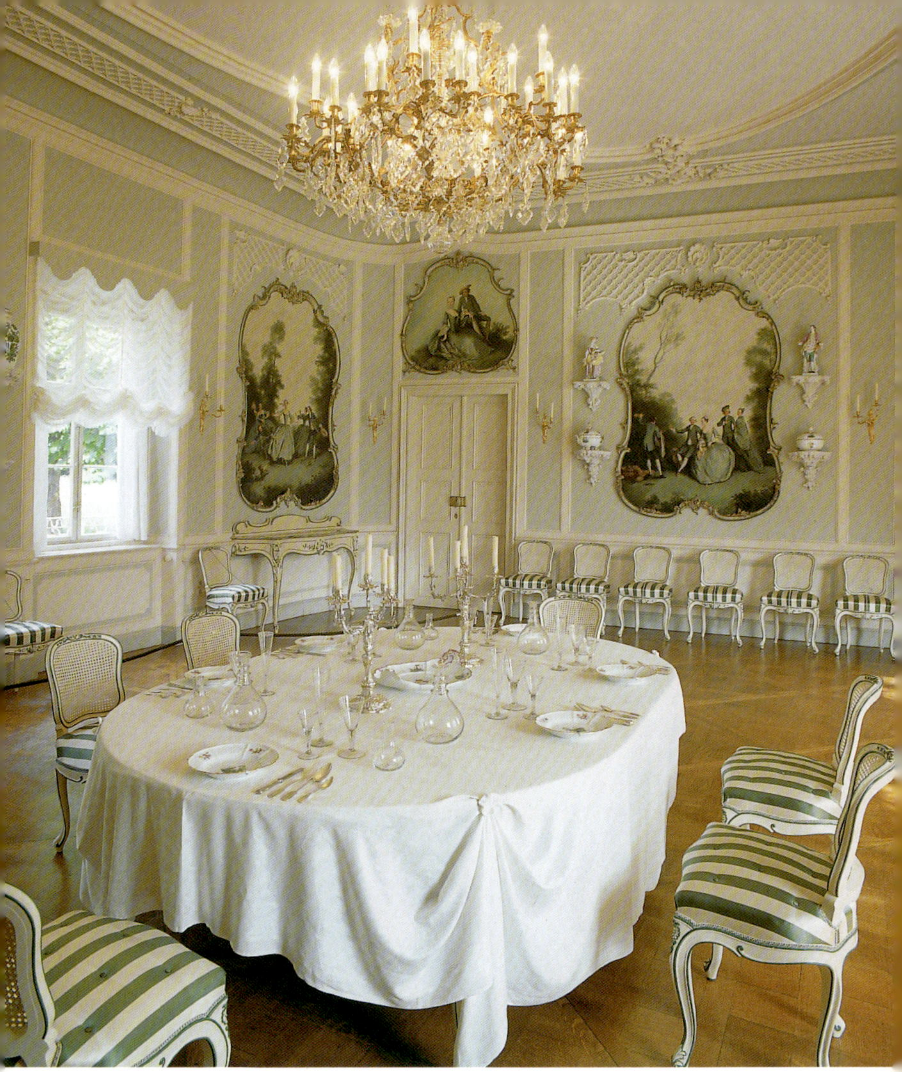

Watteausaal im Bergpalais

den aus dem 13.-20. Jahrhundert: Möbel-, Glas-, Keramik-, Metall- und Textilarbeiten wie das kostbare „Pirnaer Antependium", eine kunstvolle Seidenstickerei des 14. Jahrhunderts, den Thronsessel Augusts des Starken und einen gewaltigen mehrgeschossigen Schrank aus der Werkstatt des Hoftischlers Christoph Krockner.

Museum für Kunsthandwerk:
Schloss Pillnitz, Bergpalais: Di-So 10-18 Uhr
Wasserpalais: Mi-Mo 10-18 Uhr
Oktober – April geschlossen, Tel. 0351/2 61 30

Chinesischer Pavillon

Dielenschrank aus Nussbaum

Festsaal

Ansicht des Wasserpalais vom

Kurfüstliche Gondel (um 1800)

Krug mit Reliefdekor

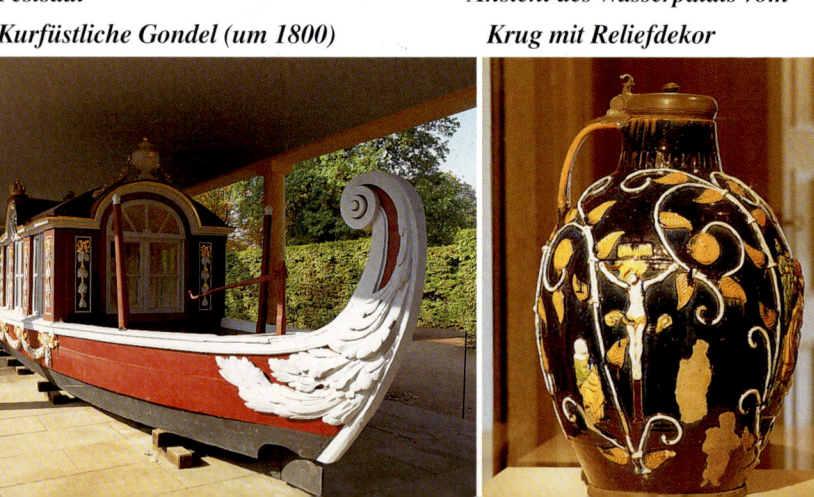

Wasserpalais

Kleinzschachwitzer Elbufer

Bufett mit Zinnwaschgeschirr

Stuhllehne mit Halbedelsteinen *Wasserpalais*

Weinbergkirche Pillnitz „Zum Heiligen Geist".

Barockgarten Großsedlitz

Ebenso wie Pillnitz ist der **Barockgarten Großsedlitz** von Dresden aus sowohl mit dem Auto als auch mit einem Schiff der „Sächsischen Dampfschifffahrts-Gesellschaft" und dem Bus bequem zu erreichen. Die hübsche Barockanlage liegt bei Heidenau auf einem Hügel über dem Fluss. Hier hatte 1719 Graf von Wackerbarth ein zuvor niedergebranntes Rittergut gekauft. Er ließ nach Plänen Pöppelmanns das Friedrichschlösschen und die Obere Orangerie errichten. Nachdem das

finanziellen Gründen scheiterte. Immerhin aber entstand, obwohl auch sie nicht vollendet wurde, nach den Plänen Knöffels die schönste barocke Parkanlage Sachsens. Am vollendetsten gelungen scheint die von Pöppelmann erdachte barocke Treppenanlage gegenüber der unteren Orangerie mit ihren geschwungenen Balustraden und musizierenden Putten, „Stille Musik" genannt. Kunstvolle Steinskulpturen begeistern die Spaziergänger, die Jahr für Jahr aus Dresden hierher strömen, um die Ruhe zu genießen. Auch bei den heute regelmäßigen Sommerveranstaltungen setzt sich

Der Barockgarten Großsedlitz mit dem Friedrichschlösschen und der Oberen Orangerie.

Anwesen 1723 in den Besitz der Krone gelangt war, plante August der Starke hier den Bau eines mächtigen Höhenschlosses, was aber aus

eine Tradition fort, die im augusteischen Zeitalter Sachsens mit dem alljährlichen Fest des polnischen Weißen Adlerordens begann.

Sächsische Schweiz mit Festung Königstein

Zum Standardprogramm eines Dresdenbesuchs gehört ein Ausflug in das Elbsandsteingebirge, „Sächsische Schweiz" genannt. Nach 20 km passieren wir Pirna, das ein interessantes Rathaus und eine hübsche Pfarrkirche (beide 16. Jh.) besitzt. Nach weiteren 10 km erreichen wir die imposante **Festung Königstein**. Seit die mittelalterliche Burg Anfang des 15. Jahrhunderts an die Wettiner gelangt war und technisch immer auf dem neuesten Stand gehalten wurde, wagte es nie ein Feind, sie anzugreifen. Daher benutzten sie die Besitzer auch zur Aufbewahrung ihrer Kunstschätze (zuletzt ab 1940), des Staatsschatzes und als letzte Zuflucht in Kriegszeiten.

Gleichzeitig diente sie als ausbruchsicheres Staatsgefängnis und 1870/71 sowie während der beiden Weltkriege als Kriegsgefangenenlager. Das einst von schroffen Felsen bekrönte Bergmassiv wurde im Laufe des Festungsbaus zu einem Tafelberg eingeebnet, auf dem sich die Verteidigungsanlagen auf einer Fläche von 9,5 ha verteilen. Wegen der schönen Lage, 230 m über der Elbe, mit der herrlichen Aussicht über das Elbsandsteingebirge, war die Festung auch oft Ausflugsziel des Landesherrn, der gleichzeitig gegenüber seinen Staatsgästen die Wehrhaftigkeit seines Landes unter Beweis stellen konnte. So besuchten Russlands Zar Peter I., die Preußenkönige Friedrich Wilhelm I. und Friedrich II. sowie Kaiser Napoleon die sächsische Feste.

Der Elbbogen, eingebettet zwischen Lilienstein und Südspitze der Festung Königstein mit der Christiansburg.

Basteibrücke – Verbindung über die Schlucht zur Felsenburg Neurathen.

Weitere 6 km elbaufwärts überquert eine Brücke vor Bad Schandau die Elbe. In Rathmannsdorf halten wir uns links und folgen den Hinweisschildern zur „Bastei" bei Rathen, zu einem Eldorado für Wander- und Kletterfreunde, aber touristisch auch so gut erschlossen, dass der Besucher ganz in der Nähe der Aussichtspunkte parken und sie ohne Schwierigkeiten erreichen kann. Er wird durch den Blick über ein einmaliges Schluchtenlabyrinth mit bizarr aufragenden Felsen belohnt. Die 1851 erbaute Basteibrücke überwindet die Abgründe zwischen den Felsen und der Wanderer erlebt einen grandiosen Ausblick über das

◀ *Bad Schandau*

Stadt ▶
Wehlen

Burg ▶
Stolpen,
Seigerturm
und
Coselturm

◀ *Burg Hohnstein*

Elbtal und die Tafelberge des Liliensteins und des Königsteins sowie die anderen Felsmassive. Etwa 500 Stufen tiefer liegt der Wehlgrund mit dem Amselsee und der „Felsenbühne Rathen". 1938 für die Karl-May-Spiele angelegt, dient das 2000 Zuschauer fassende Freilichttheater heute auch als Opernspielplatz. Die Landesbühnen Sachsen haben 1954 das Theater übernommen und bringen erfolgreich besonders den „Freischütz" und „Hänsel und Gretel" zur Aufführung. Wer noch Lust und Zeit für einen Abstecher von 10 km (einfache Fahrt) hat, biegt auf der Rückfahrt nach Dresden bei Lohmen rechts ab Richtung Stolpen. Hier steht seit 1100 eine mittelalterliche Burg, die durch die berühmte Mätresse Augusts des Starken, die Gräfin Cosel, bekannt wurde. Nachdem sie in Ungnade gefallen war, lebte sie hier von 1716 bis 1765, zuerst als Gefangene, nach Augusts Tod freiwillig. Für die Rückfahrt nach Dresden empfiehlt sich nun die Straße über Radeberg und dann durch das Naherholungsgebiet „Dresdner Heide".

Über Radebeul nach Moritzburg

Rechts der Elbe, von Dresden aus westlich, ziehen sich die Lößnitzberge, die das Zentrum des sächsischen Weinlandes bilden. Inmitten der Weinberge und Gärten liegt Radebeul, Heimatstadt des berühmten Schriftstellers Karl May (1842-1912). In seinem ehemaligen Wohnhaus, der Villa „Shatterhand", zeigt eine Sammlung Gegenstände aus seinem Besitz sowie – im benachbarten Wildwest-Blockhaus „Villa Bärenfett"- etwa 850 originale Gegenstände zur Geschichte und Kultur der Prärieindianer, eine der wertvollsten ethnologischen Sammlungen Europas.

Einen Besuch wert ist auch der Stadtteil Kötzschenbroda in der Elbeniederung. Seine prächtig herausgeputzte Hauptstraße mit vielen anheimelnden Lokalen und schattigen Freisitzen gilt als Geheimtipp für Dresdenbesucher.

Knapp 10 km nördlich von Radebeul liegt das Moritzburger Teichgebiet mit Schloss Moritzburg, dem imposanten Jagdschloss Augusts des Starken. Wer es nostalgisch liebt, sollte die Anfahrt ab Radebeul-Weißes Ross mit der Schmalspurbahn wählen. Schon von weitem grüßt das von vier Rundtürmen gesäumte Barockbauwerk von der künstlich geschaffenen Insel. Hier stand zuvor das Jagdhaus des Herzogs Moritz von Sachsen auf einer

Karl-May-Museum:
Karl-May-Straße 5, Radebeul, März – Oktober Di-So 9-18 Uhr, November – Februar Di-So 10-15.30 Uhr, Tel. 03 51/83 73 00

Schloss Moritzburg: barockes Jagdschloss Augusts des Starken auf einer aufgeschütteten Insel bei Dresden.

felsigen Landzunge, ehe Augusts Lieblingsarchitekt Pöppelmann 1723-36 die terrassenförmige Insel und das Schloss samt Zufahrtsdeich sowie Garten- und Parkanlagen gestalten ließ. Eine Vielzahl von Vasen und Putten schmücken die Balustrade der oberen Terrasse, angeführt von zwei Jagdhorn blasenden Jägern an der Auffahrt. Über dem Portal erinnern die Initialen AR (Augustus Rex) an den Bauherrn. Auch hier in der Abgeschiedenheit frönte er neben seiner Jagd- auch seiner Sammelleidenschaft und ließ die Säle mit zahlreichen Gemälden, Porzellanvasen und Jagdtrophäen dekorieren. Außer den kapitalen Elchschaufeln besticht seine prächtige Sammlung von Rothirschgeweihen. So sind u.a. das mit 2,40 m Spannweite und nahezu 20 kg Gewicht stärkste Rothirschgeweih der Welt, der berühmte Moritzburger 66-Ender, erlegt 1696 vom Kurfürsten Friedrich III. von Brandenburg, die über 10.000 Jahre alte Trophäe eines Riesenhirsches, ein Geschenk des russischen Zaren Peter I., sowie der „Willkomm", die Geweihstange eines 36-Enders, ausgehöhlt und zum Trinkgefäß umfunktioniert, zu besichtigen. Sehenswert sind aber auch die weiße Schlosskapelle mit ihren vergoldeten Schmuckelementen und die beiden Augustzimmer mit den reich dekorierten Ledertapeten, Gemälden, wertvollen Möbeln und anderen Einrichtungsgegenständen. Der Garten bildete eine prächtige Kulisse für die prunkvollen Feste, Maskenbälle und Götteraufzüge zu Zeiten der Kurfürsten.

Der Park und die ausgedehnten Wälder von Moritzburg laden ein zu beschaulichen Wanderungen, die immer wieder an einen der zahlreichen Teiche führen. Ein Weg beginnt am östlichen Ende des Schlossteichs auf der anderen Straßenseite. Nach wenigen Minuten passieren wir das heutige Restaurant und Hotel „Waldschänke", erbaut um 1770 und teilweise noch in alter Ausstattung. Kurz darauf taucht links das **Fasanenschlösschen** (um 1775) auf. Die malerisch geschweifte Dachhaube mit der hübschen Laternenbekrönung gibt kund, dass auch zur Zeit des Rokoko fernöstliche Stilelemente noch in Mode waren. Hinter der in rosé und grün gehaltenen Fassade sind die wenigen Räume, wie das Arbeitszimmer des Kurfürsten, noch größtenteils original ausgestattet und dienen heute als Vogelkundliches Museum. Terrasse und Park sind im Stil der Zeit mit Skulpturen geschmückt, den Kanal zieren hohe

Vasen und der figurenreiche Ledabrunnen. Die Schauseite des Schlösschens mit der doppelläufig geschwungenen Freitreppe weist auf den Großteich, an dessen Ufer ein Miniaturhafen angelegt ist. Das aufgemalte Ziegelmauerwerk am Leuchtturm gibt dem Betrachter die Illusion, sich an der Nordseeküste zu befinden. Die Anlage diente als Kulisse für die „Seeschlachten", mit denen sich die Fürsten bei solchen Gelegenheiten unterhalten ließen. Ein Ruinenkomplex am Westende des Teichs vervollständigte die

Schloss Moritzburg: Tel. 03 52 07/87 30
Wildgehege: Tel. 03 52 07/8 14 88
Käthe-Kollwitz-Gedenkstätte: Tel. 03 52 07/8 28 18

◄ *Speisesaal mit einer einmaligen Sammlung von Rothirschgeweihen*

Leuchtturm am Großteich

Romanisches Fasanenschlösschen

Kriegszenerie. Im Hafen legte jedoch auch die kurfürstliche Gondel an, mit der sich der Herrscher – meist in weiblicher Begleitung – zu der Teichinsel mit dem romantischen Häuschen übersetzen ließ.

▼ **Schloss Moritzburg, Gästezimmer**

Meißen

Etwa 30 km elbabwärts von Dresden, knapp 20 km westlich von Moritzburg, liegt Meißen, zu erreichen über eine S-Bahn-Verbindung, die Bundesstraße 6 oder die Verbindungsstraßen über Radebeul oder Moritzburg. Hier stand einst die Stammburg der Wettiner, ehe diese nach Dresden abwanderten. Vom Burgberg grüßt schon von fern die spätgotische Albrechtsburg mit dem Dom. Dieses Ensemble ist ebenso symbolisch für Meißen wie die Weinberge und Weinschänken sowie das weltberühmte Porzellan. Ein architektonisch besonders reizvolles Zentrum bildet der Marktplatz mit seiner mittelalterlichen Bausubstanz. Von hier führen enge Gassen hinauf zur geschichtsträchtigen Burg, in deren Räumen August der Starke 1710 die erste europäische Porzellanmanufaktur – unter der Leitung des Erfinders Böttger und unter strengster Geheimhaltung – einrichten ließ. Unterwegs begegnen uns stolze Bürgerhäuser, die vom Wohlstand der Stadt in vergangenen Jahrhunderten zeugen, als Meißen neben Hamburg und Magdeburg zu den bedeutendsten Handelsplätzen an der Elbe zählte. Ein herrlicher Blick über die Altstadt belohnt uns für die Mühen des Aufstiegs.

Blick über die Elbe auf die Albrechtsburg mit dem Dom.

Tipps und Adressen von A bis Z

Auskunft:
Nahverkehr, Dresdner Verkehrsbetriebe AG, Servicetelefon 0351/8571011; Eisenbahn, Deutsche Bahn AG/Auskunft: 01805/996633; Flugverkehr, Flughafen-Information: 0351/ 8813360/62/70

Aussichtspunkte:
Kreuzkirche, Hausmannsturm, Dreikönigskirche, Rathausturm, Frauenkirche

Autohilfe:
ADAC, Tel. 0180/2222222

Autovermietung:
ADAC, Tel. 0351/2516327, Tel. 0351/ 2516327; AVIS, Tel. 0351/4969613, Tel. 0351/8814600, Europcar, Tel. 0351/ 4969535, Tel. 0351/8814590, Tel. 0351/ 5022251; Hertz, Tel. 0351/2328218, Tel. 0351/5662840, Sixt-Autovermietung, Tel. 0351/4956012, Tel. 0351/4954105

Bäder: Hallenbäder: Nordbad, Louisenstraße, Tel. 0351/ 8032360; Georg-Arnhold-Bad, Hauptallee, Tel. 0351/4942203; Erlebnisbad Elbamare, Wölfnitzer Ring, Tel. 0351/410090; Schwimmhalle Steinstraße, Tel. 0351/ 4593048; Schwimmhalle Senftenberger Str., Tel. 0351/ 2843161; Schwimmhalle Freiberger Platz, Tel. 0351/ 4951180; Schwimmhalle Radebeul, Tel. 0351/8305205

Bahnen: Parkeisenbahn, Schwebebahn, Standseilbahn, Schmalspurbahn (Radebeul – Moritzburg – Radeburg)

Behinderten-Service: Auskunft über Tourist-Information, Tel. 0351/491920

Behörden: Freistaat Sachsen, Sächsische Staatsregierung, Archlvstraße 1, Tel. 0351/ 5640; Landeshauptstadt Dresden, Stadtverwaltung, Dr. -Külz-Ring, Tel. 0351/4880

Camping: Caravancamping-Nord Elsterweg 13, Tel. 0351/8809792; Intercamp Mockritz, Tel. 0351/4715250; Wostra Trieske Str. 100, Tel. 0351/2013254, außerhalb von Dresden: Campingplatz Mittelteichbad, Boxdorf, Volkersdorf, Altfranken, Radeburg, Scharfenberg, Bad Schandau

Fahrradverleih: Hauptbahnhof, Tel. 0351/ 4613262; Bahnhof Neustadt, Tel. 0351/ 4615450

Jugendherbergen: Jugendgästehaus Dresden, Maternistraße 22, Tel. 0351/ 492620; Hübnerstr. 11, Tel. 0351/ 470667; Sierkstr. 33, Tel. 0351/36672; Radebeul,Weintraubenstr. 12, Tel. 0351/74786

Notrufe/Notdienste: Polizei, Tel. 110; Feuerwehr, Tel. 112; Dringende Mediz. Hilfe (Tag u. Nacht), Tel. 8042251; Krankentransport, Tel. 19222; Ansagedienst Ärzte- und Apothekenbereitschaft, Tel. 011500

Sächsische Dampfschiffahrts-Gesellschaft:
Tel. 0351/866090

Stadtbesichtigungen: Kleine Stadtrundfahrt mit dem Bus (1,5 Std.) täglich ab Dr.-Külz-Ring und Augustusbrücke. Große Stadtrundfahrt (3 Std. einschl. Park Pillnitz) täglich ab Dr.-Külz-Ring und Augustusbrücke. Rundfahrten mit dem Doppeldeckerbus und der Hummelbahn täglich ab Postplatz/Zwinger. Rundfahrten mit der Straßenbahn täglich ab Postplatz

Taxi: Tel. 0351/211211

Theater:
Sächsische Staatsoper Dresden, Postfach 120712, 01067 Dresden, Tel. 0351/4911-0;
Dresdner Philharmonie, Kulturpalast am Altmarkt, Postfach 120424, 01005 Dresden, Tel. 0351/4866286/306;
Staatsschauspiel Dresden, Schauspielhaus am Zwinger, Ostra-Allee 3, 01067 Dresden, Tel. 0351/4913-50; Kleines Haus in der Neustadt, Glacisstr. 28, 01099 Dresden, Tel. 0351/4313-50; TIF-Theater in der Fabrik, Tharandter Straße 33, 01159 Dresden, Tel. 0351/4214-505;
Staatsoperette, Pirnaer Landstraße 131, 01257 Dresden, Tel. 0351/20799-0;
Theater der Jungen Generation, Meißner Landstraße 152, 01157 Dresden, Tel. 0351/42912-0;
Landesbühnen Sachsen, Meißner Landstraße 152, 01445 Radebeul, Tel. 0351/ 89540;
Dresdens Kabarett-Theater „Die Herkuleskeule", Sternplatz 1, 01067 Dresden, Tel. 0351/4925555;
Theaterkahn Brettl, Terrassenufer, 01067 Dresden, Tel. 0351/4969450;
Kulturpalast, Schloßstraße 2, 01067 Dresden, Tel. 0351/4866-0;
Komödie Dresden, Freiberger Straße 39, 01067 Dresden, Tel. 0351/866410;
JazzClub „Tonne", Am Brauhaus 3, 01099 Dresden, Tel. 0351/8026017

Tourist-Information: Prager Straße 110 (Zimmernachweis, Veranstaltungen, Theaterkarten), Tel. 0351/491920; Neustädter Markt (Unterführung)

Veranstaltungen: Mai: Flottenparade d. Sächs. Dampfschiffahrt; Internationales Dixilandfest; Musikfestspiele (Mai-Juni): Juni: Tanzfestival, Elbhangfest, Juli: Filmnächte am Elbufer; August-Sept.: Hengstparade in Moritzburg; Dezember: Striezelmarkt

Zoologischer Garten: Tel. 0351/478060

WINTERLICHES DRESDEN,
Bergpalais in Pillnitz,
Weinbergkirche, Blaues Wunder,
Schloss Moritzburg,
Zwinger – Wallpavillon,

Weihnachtlicher Striezelmarkt
auf dem Altmarkt.

Erläuterungen zum Stadtplan

① Augustusbrücke
② Residenzschloß
③ Hofkirche
④ Theaterplatz
⑤ Semperoper
⑥ Zwinger
⑦ Taschenbergpalais und Cholerabrunnen
⑧ Altmarkt
⑨ Neues Rathaus
⑩ Landhaus
⑪ Albertinum
⑫ Neumarkt
⑬ Palais Cosel
⑭ Frauenkirche
⑮ Fürstenzug am Stallhof
⑯ Brühlsche Terrasse
⑰ Synagoge
⑱ Moritzmonument
⑲ Goldener Reiter
⑳ Dreikönigskirche
㉑ Albertplatz
㉒ Kunstpassage
㉓ Pfunds Molkerei
㉔ Japanisches Palais
㉕ Jägerhof
㉖ Yenidze
㉗ Innerer Katholischer Friedhof
㉘ Hygienemuseum

Zeichenerklärung

i Touristinformation / tourist information / informations toristiques

m Museum / museum / musée

Denkmal / monument / monument

Gedenkstein oder -tafel / commemorative stone or plaque / pierre commémorative, plaque commémorative

Brunnen / well / puits

Stadtrundfahrt; Stadtführung / city sightseeing tour; city walking tour / tour de ville; circuit de la ville à pied

Theater und Spielstätten / theatre / théâtre

Hotel; Jugendherberge / hotel; youth hostel / hôtel; auberge de jeunesse

Straßenbahnlinie mit Haltestelle / tramroute with stop / ligne de tramway avec arrêt

Buslinie mit Haltest. in nur eine Fahrtrichtung / busroute with stop for travel in one direction only / arrêt d'autobus en direction unique

DB Fernbahnhof der Deutschen Bahn AG / mainline station / gare principale

S S-Bahnhof / local station / station de RER

TAXI Taxistand / taxi rank / station de taxi

WC öffentliche Toilette / public toilet / toilettes publiques

WC & behindertengerechte öffentliche Toilette / public toilet for the disabled / toilettes publiques pour handicapés

Aussichtspunkt / viewpoint / point de vue panoramique

T Dampferanlegestelle / landing stage / embarcadère

Unterführung, Durchgang / subway, passageway / passage souterrain, passage

Treppe / steps / escaliers